Monsieur Chatastrophe

Chris Pascoe

# Monsieur Chatastrophe

*Une biographie de neuf vies*

*Traduit de l'anglais par Irène Barki*

ÉDITIONS FRANCE LOISIRS

Titre original : *A Cat Called Birmingham*
publié par Hodder and Stoughton,
a division of Hodder Headline.

Éditions France Loisirs,
123, boulevard de Grenelle, Paris
*www.franceloisirs.com*



ISBN : 2-7441-9624-X

*À Lorraine*

# Introduction

*Une vie passée à commettre*
*des erreurs est non seulement*
*plus honorable mais plus utile*
*qu'une vie passée à ne rien faire.*

Georges Bernard Shaw

BRUM a vu le jour dans les faubourgs de Slough [1], alors autant dire que les choses ne démarraient pas très bien.

Il était le plus malingre de la portée, mais, à la différence de beaucoup d'autres chats, il est né dans une maison qui abritait à la fois sa mère et son père. Son père était un énorme monstre de chat noir de jais à poils longs ; sa mère, une petite chatte tigrée à poils courts, menue et élégante.

C'est aux miracles de l'hybridation que Brum doit son physique de chat tigré gris aux poils semi-longs, avec une traînée d'un

1. Ville industrielle dans le sud de l'Angleterre souvent ridiculisée comme l'une des villes les plus laides et inintéressantes du pays.

noir de jais le long du dos et de la queue, un peu comme un putois en négatif. Il y a quelque chose de comique dans son aspect général, ses yeux écarquillés et son regard ahuri, celui de quelqu'un qui s'attend à être frappé par un météore. À dire vrai, je ne serais pas étonné que ce fût le cas.

Si l'on en croit les thèses les plus répandues sur la famille nucléaire, le fait d'avoir ses deux parents aurait dû lui donner des atouts dans la vie. Une bonne base bien stable, un entourage aimant – ce genre de choses, quoi. Posséder le portrait encadré de ses parents au-dessus de sa gamelle, par exemple, n'est pas donné au premier matou venu (même si cela traduit peut-être moins un sens aigu des valeurs familiales chez mon chat qu'un comportement quelque peu saugrenu de ma part).

Pour autant, ces atouts, quels qu'ils soient, continuent de se faire attendre. Au bout de onze ans, il serait grand temps qu'ils commencent à se manifester. Brum est le chat le plus malchanceux, le plus dangereusement gauche et le moins gracieux que vous puissiez rencontrer.

Le père de Brum s'appelle Paris, comme

la ville, sa mère, Camber, comme la station balnéaire, et Brum est le diminutif de Birmingham. Que le nom de son père ait été inspiré par la métropole la plus romantique du monde alors que le sien évoque la sinistre capitale industrielle des West Midlands résume assez bien sa situation.

Paris et Camber appartenaient à ma sœur, ce qui m'a permis de disposer de quelques informations sur la petite enfance de Brum. Si j'avais eu à l'époque la moindre idée de la façon bizarre (catastrophique) dont ce chat évoluerait, j'aurais demandé à ma sœur de prendre des notes. Le temps que la véritable personnalité de Brum se révèle, beaucoup de détails de sa prime enfance de chaton étaient oubliés. Ce dont ma sœur se souvient – elle aurait beaucoup de mal à ne pas se le rappeler – c'est d'un incident impliquant un tout jeune Brum et une Hotpoint Automatic.

Elle ignore comment il s'est arrangé pour rester coincé derrière ce lave-linge, mais toujours est-il que ce fut le cas. En essayant de s'échapper, il s'est pris une griffe dans la grille métallique à l'arrière de la machine. Les quatre autres chatons monopolisant l'attention générale, la brève absence de Brum est passée inaperçue. Mais pour lui, si j'ai bien compris, se retrouver coincé, dans l'obscurité, sans pouvoir poser par terre les pattes avant, resterait une expérience plutôt traumatisante.

C'est surtout le cycle d'essorage qu'il n'oubliera jamais.

Il est impossible de se représenter cette expérience sans penser à l'entraînement auxquels sont soumis les astronautes de la NASA. Cette seule évocation suffit à nous donner des frissons, mais nos tremblements sont sans commune mesure avec les 1000 tours/minute qui ont secoué Brum ce jour-là.

Lorsque je l'ai vu pour la première fois, il était âgé de quatre semaines. Son allure générale était alors celle de quelqu'un qui a passé un certain temps accroché à un lave-linge.

Je l'ai choisi immédiatement, non pas en raison de son long poil tigré et noir, ou de ses grands yeux ronds, ni même parce qu'il s'est montré le plus affectueux de la portée et s'est précipité vers moi. En toute honnêteté – et j'espère que Brum ne lira jamais ces lignes si l'évolution féline venait à connaître prochainement des progrès majeurs –, je l'ai choisi parce que les quatre autres l'avaient déjà été. Je ne dis pas que je ne l'aurais pas adopté de toute façon, mais en tout cas voilà comment je me suis retrouvé avec Brum.

Certaines personnes sont nées avec des chats, d'autres aspirent à en posséder, et d'autres se retrouvent avec Brum sur les bras.

À mon sens, l'un des plaisirs de la vie est de ramener un chaton chez soi pour la première fois. La nuit où je suis allé le chercher, je suis rentré du travail à toute vitesse, j'ai rempli la voiture de vieux journaux et j'ai foncé vers Slough avec une joyeuse excitation – et, croyez-moi, ce n'est pas un endroit qui suscite souvent ce genre de sentiment. Brum a ronronné toute le long du chemin, et il s'est endormi sur mon lit. Dès l'instant de son arrivée, il a donné l'impression d'être heureux et comblé. J'espère simplement qu'il n'était pas trop optimiste.

À mesure qu'il avançait dans la vie, je devenais de plus en plus conscient de sa tendance à se mettre dans le pétrin. Et il ne faisait pas les choses à moitié. Brum ne se contentait pas juste de dégringoler d'une étagère ou d'un meuble quelconque, il se débrouillait pour que sa chute ait des conséquences grotesques. Il avait le don de s'humilier chaque fois, et de me tourner souvent en ridicule par la même occasion, en me faisant paraître plus idiot encore que lui (à cet égard, croyez-moi, je n'ai besoin d'aucune aide).

Sans la présence d'un colley nommé Zac, appartenant à mon voisin, je pense que Brum n'aurait pas atteint l'âge d'un an, et moins encore celui qu'il a aujourd'hui. Zac était un de ces chiens à qui il était interdit d'entrer dans la maison. Il disposait d'une niche dans une resserre, mais l'utilisait rarement. Il préférait passer le plus clair de son temps devant ma porte.

Pour un chien dont le but principal semblait être de faire trébucher toute personne circulant à pied, il s'est révélé être un don du ciel. Les colleys font d'excellents chiens de berger, et Zac semblait avoir reconnu instantanément en Brum les caractéristiques d'un ruminant pataud et stupide. Il a donc décidé que cette bête-là avait besoin d'être guidée.

Et c'est ce qu'il s'est employé à faire. Il l'empêchait constamment d'atteindre la route très fréquentée qui longeait notre maison, et le dirigeait au contraire vers les bois à l'arrière. Si Brum avait réfléchi ne serait-ce qu'un instant, il aurait vite découvert qu'il lui suffisait de sauter par-dessus la clôture pour accéder à la route un peu plus loin. Soit (selon toute vraisemblance) ça ne lui est pas venu à l'esprit, soit il était tout simplement content de se laisser mener.

Je n'en sais rien, et peu m'importe. Tout ce que je sais, c'est que Brum ne s'est jamais, à ma connaissance, aventuré sur la route au cours de sa première année, ce qui lui a permis de rester en vie jusqu'à ce qu'il devienne un petit peu (j'insiste sur le « petit peu ») plus futé.

Le temps qu'il atteigne son deuxième anniversaire, Brum avait déjà à son actif un nombre impressionnant d'accidents aussi invraisemblables que comiques et de catastrophes quasi fatales. C'est à peu près à cette époque que j'ai commencé à en tenir le journal, en regrettant de n'avoir pas commencé plus tôt.

Au fil des années, j'ai connu beaucoup de chats, mais je n'en ai jamais rencontré aucun comme celui-là. Par exemple, il est le seul chat que j'aie jamais connu à s'être mis K.O. tout seul en s'envoyant un coup dans la mâchoire. Deux fois !

Il est le seul chat que j'aie vu casser un carreau de fenêtre avec son crâne, ou atterrir d'une hauteur de sept mètres sur le toit d'une voiture en mouvement. Je l'ai vu mettre le feu à sa tête, se faire mal en tombant dans un bassin à poissons et subir toutes sortes de vexations des mains, ou d'autres membres, de petits animaux sans défense comme des souris ou des oiseaux. Il a également provoqué un court-circuit dans toute la maison et manqué de détruire une pièce entière d'un simple geste de la patte. Et ce n'est là que la pointe émergée de l'iceberg.

Quand il ne les provoque pas, les problèmes viennent à lui. Qu'ils soient livreurs de journaux, bébés armés de maillets en plastique ou objets lourds mus par une propension malveillante à tomber, tous s'arrangent pour arriver jusqu'à Brum.

La vie s'est montrée un peu injuste à son égard, franchement, parce que c'est vraiment un gentil chat. À la différence de beaucoup de membres de son espèce, il ne commet jamais d'actes barbares de torture et de meurtre, et pourtant je suis sûr qu'il a conscience de devoir le faire.

Tout bien considéré, je dirais qu'il est sans doute la version féline de Norman Wisdom [1]. Pétri de bonnes intentions, sympathique, affrontant joyeusement la routine quotidienne, et avançant dans la vie aussi bien que possible jusqu'à ce que… boum ! Le ciel lui tombe sur la tête, les lieux sont totalement détruits, et Norman (ou Brum), légèrement chancelant et abasourdi, se demande ce qui a bien pu lui arriver.

Je me rends compte maintenant que ceux qui n'avaient pas voulu de lui sont passés à côté de quelque chose. Brum est peut-être un accident ambulant, mais c'est un très

1. Acteur comique et chansonnier britannique, très populaire dans les années 50.

bon chat, et je suis honoré qu'il m'ait choisi comme compagnon d'infortune.

Ce livre relate une succession d'épisodes de la vie de Brum, ainsi que de la famille et des amis qui l'entourent. Mon ambition est de le garder en vie assez longtemps pour qu'il me soit possible d'écrire plusieurs suites (un sujet doté de neuf vies est une aubaine pour un biographe).

Cependant, connaissant Brum comme je le connais, attendre de lui qu'il reste en vie est peut-être un peu trop lui demander. Alors, j'ai envisagé de me rabattre sur sa compagne, Sammy, la chatte avec qui il cohabite, mais une bête qui dort tout le temps ne constitue pas pour un auteur un sujet très varié, et Sammy est rarement consciente.

Tout repose donc sur Brum, l'inimitable, l'extravagant. Sur sa capacité à rester en un seul morceau.

T'angoisse pas, mon pote.

# Au feu !

*Rien n'est plus dangereux qu'une idée,*
*quand on n'a qu'une idée.*

Alain (Émile-Auguste Chartier dit)

S
P

Si ce préambule laisse deviner la prédisposition de mon ami Birmingham à provoquer des catastrophes, il est cependant difficile de comprendre le degré de folie jusqu'auquel Brum est capable de précipiter nos vies en l'espace d'une seconde. Comme ça, au débotté. Ou au chat débotté.

L'un des faits les plus marquants dans sa vie jusqu'ici est peut-être sa capacité extraordinaire à s'enflammer.

C'est triste à dire, mais en vérité Brum et le feu ne font pas bon ménage. Ou plus exactement – et c'est là le problème –, ils font trop bon ménage. En sa qualité de chat à poils longs, doublé d'une créature d'une rare maladresse, la proximité d'une flamme nue présente pour lui un danger particulièrement grand. En écrivant ces lignes, je reste sidéré par le nombre de fois que Brum a pris feu.

J'imagine que, dans leur grande majorité, les chats traversent la vie sans jamais avoir besoin d'être éteints. Brum, cependant, n'est pas un chat comme les autres. J'ai fait le compte : je me rappelle cinq incidents isolés au cours desquels il s'est embrasé, et j'ai l'impression d'en oublier au moins deux autres.

Ce qui fait en moyenne une extinction d'incendie personnel tous les deux ans.

De telles performances, si elles étaient réalisées par un être humain, susciteraient quelques interrogations, vous ne pensez pas ?

— Êtes-vous au courant de ce qui est arrivé à ce Chris Pascoe, Madame Dawson ? Il paraît qu'il a encore pris feu mardi dernier.

— Alors là, j'en reviens pas, Madame Jackson. C'est la dix-huitième fois que ça lui arrive. Son épouse doit se faire bien du souci.

— M'en parlez pas. Un vrai danger

public. Il paraît qu'il porte un détecteur de fumée sur une chaîne, autour du cou.

— Ah bon ? Remarquez, ça ne m'étonne pas. Heureusement que les pompiers ont décidé de construire leur nouvelle caserne à côté de chez lui. Ils ont sa clé, maintenant ; ça leur évite d'avoir à enfoncer la porte.

La première fois que Brum a tenté de s'immoler par le feu, c'est en se brûlant la tête, mais je réserve ce récit pour plus tard. Quant à moi, la première fois que je l'ai vu en flammes, il était encore dans sa prime jeunesse et partageait depuis peu mon appartement de célibataire. Jusqu'à cet instant, je n'avais pas encore commencé à comprendre à quel genre d'animal j'avais affaire. Je mettais simplement sa maladresse sur le compte de l'adolescence, étape au terme de laquelle mes factures de réparation cesseraient de se faire toujours plus lourdes. Mais, assis dans mon salon devant le journal télévisé du soir, j'ai reçu mon baptême du feu.

J'avais mis une casserole d'eau sur la gazinière et j'attendais dans le salon le signal de l'ébullition – généralement un sifflement violent suivi d'une forte odeur de gaz. Et tout d'un coup, voyant Brum arriver nonchalamment de la cuisine, je suis resté bouche bée, frappé de stupeur.

Brum traînait dans son sillage un panache de fumée, comme un Messerschmitt abattu en vol. Au début, je n'ai pas vraiment compris ce que je voyais. Quand il est passé devant moi, je me suis rendu compte que sa queue tout entière était en flammes et dégageait des nuages de fumée. Fondant sur lui, je l'ai emporté à la cuisine et lui ai plongé l'arrière-train dans l'eau froide.

Ça l'a rendu dingue. Il a déchiré ma chemise et lacéré mon bras, le marquant de quatre stries sanguinolentes parallèles. J'étais beau à voir, je peux vous l'assurer.

C'est quand même insensé. Considérant que les flammes qui le consumaient ne semblaient pas l'affecter le moins du monde, on aurait pu penser qu'une goutte d'eau ne le dérangerait pas davantage.

Une fois que Brum s'est essayé à une farce de ce genre, il perd rarement une occasion de recommencer, je le sais maintenant d'expérience.

Environ un an plus tard, le dîner mijotait dans le four pendant que... nous faisions la sieste dans la chambre à coucher, ma nouvelle petite amie et moi. Mon ardeur a été interrompue soudain à la vue quelque peu insolite d'une colonne de fumée s'élevant du sol de l'autre côté du lit.

Persuadé que mes performances n'étaient pas remarquables au point de mettre le feu au lit, et en l'absence, à ma connaissance, de toute tribu apache dans ma table de chevet, j'ai compris qu'il devait y avoir un problème. Bredouillant des excuses pitoyables, j'ai sauté du lit et je me suis vu courir, tout nu, derrière un matou fumant, qui m'a réduit en charpie pendant que je tentais d'éteindre sa queue dans le lavabo de la salle de bains.

La petite amie n'a pas tenu bien longtemps. J'imagine avec le plus grand embarras le genre de conversation qu'elle a dû avoir avec ses copines.

— Alors, tu as couché avec lui, Sally ?

— Ouais, Mandy.

— Et c'était comment ?

— Pas mal, mais son chat a pris feu.

— Oh ! Je déteste, quand ils nous font ce coup-là.

— Et moi, donc ! »

Ou peut-être :

— Tu sais, Mandy, j'ai l'impression qu'il n'est pas net.

— Qu'est-ce qui te fait dire ça ?

— Ben, en pleine action, il a crié qu'il devait aller éteindre le chat et il est parti en courant comme un fou dans le couloir.

— Oh !

— Et quand il est revenu, il était couvert de sang.

— Oh la ! Celui-là, tu ferais bien de le laisser tomber, Sally.

Dans la série d'accidents de queue et de gazinière, il nous a présenté son dernier numéro de l'année lors d'un dîner que j'avais organisé pour quelques amis. Aujourd'hui, comme j'ai avancé en âge et en expérience, tant en matière de vie conjugale que de chats, j'ai l'habitude de toujours garder la porte de la cuisine fermée quand quelque chose est sur le feu.

Mais en l'occurrence, étant souvent tête en l'air et déphasé, c'est une précaution que j'avais omis de prendre.

Brum n'a jamais brillé par ses bonnes manières et, malgré tous mes efforts, il m'est très difficile de lui interdire les plans de travail et les tables. Et voir son chat sauter sur la table au cours d'un dîner réunissant six convives est déjà bien assez gênant sans que ledit chat n'agite à la figure de ceux-ci une queue en flammes qui dégage une épaisse fumée noire.

Jamais je n'ai vu autant de visages sidérés. J'étais déjà tellement accoutumé à ce genre de choses (d'autant plus qu'entre cet incident et les deux que j'ai relatés plus haut, Brum avait déjà pris feu à deux reprises dans des circonstances différentes) que je me suis contenté de sourire poliment et de demander à mes invités de m'excuser, sur un ton très « James Bond s'apprêtant à dégommer froidement un méchant », avant de le conduire *manu militari* à la cuisine pour notre désormais rituelle cérémonie du bain. De siège pour lui, et de sang pour moi.

J'ai réussi à regagner la table calmement,

tandis que Lorraine, ma femme, s'employait à expliquer que Brum était coutumier du fait, et que, si les flammes pouvaient certes paraître impressionnantes, elles étaient en réalité sans grand danger. Le sparadrap sur mon visage et le sang qui dégoulinait de mon bras ont peut-être un peu terni mon image de 007 nonchalant, mais c'est comme ça.

De ces deux autres incidents, l'un ne mérite pas que l'on s'y étende. Brum a mis feu aux longs poils de son arrière-train en passant près de la flamme d'une bougie, et s'est vu jeter un grand bol d'eau. Sur ce coup-là, il avait tout faux. Ce n'était pas la première fois, personne ne faisait la sieste, nous n'avions pas d'invités et il a été éteint en l'espace de quelques secondes. Cet épisode n'était pas destiné à devenir un classique, mais plutôt à gonfler les statistiques.

L'autre, en revanche, est son morceau de bravoure.

Je l'ai vu se produire mais je n'ai pas pris conscience qu'il se produisait.

C'était un bel après-midi d'hiver. Notre chauffage était tombé en panne, émettant des odeurs qui nécessitaient l'intervention de la compagnie du gaz. Nous avions appelé le numéro des urgences, et l'on nous a promis de nous envoyer un technicien au printemps, ce qui nous était d'un grand secours.

Pour nous chauffer, nous avions emprunté à un ami un de ces vieux radiateurs à deux barres rayonnantes. Ce n'était pas très esthétique, mais ça permettait de chauffer la pièce. Brum l'adorait. Il s'asseyait devant et le regardait fixement, le touchant presque du museau, profitant de sa chaleur directe.

Cela ne lui paraissait pas bien dangereux. Il faisait sacrément chaud, là où il était assis, mais il n'y avait ni flammes ni rien en apparence qui puisse lui faire du mal, tout au plus lui causer quelque chose comme un petit coup de chaleur ou une légère insolation.

Si bien que nous étions tous assis, moi-même, Lorraine et Sammy, la compagne de Brum, à regarder la télé, et Brum, les deux barres incandescentes du radiateur.

Brum était installé dans cette position coutumière chez les chats, la tête à une vingtaine de centimètres du sol, les pattes de devant, dont seules les extrémités dépassaient, ramenées sous le corps, le dos rond. Il commençait à s'assoupir, ou peut-être à s'évanouir, comme je le crois maintenant, dans la chaleur intense, et il piquait légèrement du nez, puis redressait vivement la tête dès que ça devenait trop brûlant.

Finalement, il s'est endormi en dodelinant du chef, le haut de la tête face aux barres rayonnantes du radiateur.

Ou du moins, c'est ce qu'il me semblait de l'endroit où nous étions assis. En fait, je pense que sa fourrure devait toucher les éléments incandescents.

À vrai dire, nous n'y prêtions pas beaucoup d'attention. Lorraine venait de demander : « Tu ne sens pas une odeur de brûlé ? », quand soudain, avec un bruit évoquant un souffle d'air, la tête de Brum tout entière s'est embrasée.

Il est difficile d'expliquer l'effet d'un pareil spectacle. D'abord, on ne s'attend pas à voir la tête d'un chat prendre feu. C'était comme si son cerveau avait fourni un trop gros effort de réflexion et, en désespoir de cause, avait explosé.

Par chance, juste à côté du salon se trouvait la salle de bains, avec une baignoire remplie d'eau en train de refroidir. Brum était devenu fou ; je l'ai attrapé, me suis précipité ventre à terre jusqu'à la salle de bains et je lui ai plongé la tête dans l'eau.

Il s'est éteint dans un grand sifflement de vapeur. Il paraissait si commotionné qu'il en a d'abord oublié de m'attaquer. Il s'est décidé à le faire au moment où je le sortais de l'eau, et les mouvements qu'il a faits en se débattant dans mes bras n'ont servi qu'à le réexpédier dans la baignoire.

Il est resté là, dans l'eau jusqu'au cou, la tête émettant encore de la vapeur, en état de choc et les yeux écarquillés par la stupeur.

Si incroyable que cela puisse paraître, il en est sorti quasi indemne. Ses moustaches et ses cils se sont rabougris sous l'effet de la chaleur, et le restent encore un peu aujourd'hui, mais la fourrure calcinée a repoussé normalement.

Le fait qu'il ait réussi à prendre feu à

deux reprises depuis prouve bien qu'un fou n'apprend rien de ses erreurs.

Et là, je ne parle pas des trois fois où j'ai laissé une casserole sur le gaz sans la surveiller.

# Une très brève histoire des chats

*L'Histoire nous apprend que les hommes*
*ne se comportent avec sagesse*
*qu'après avoir épuisé*
*toutes les alternatives.*

Abba Ebban

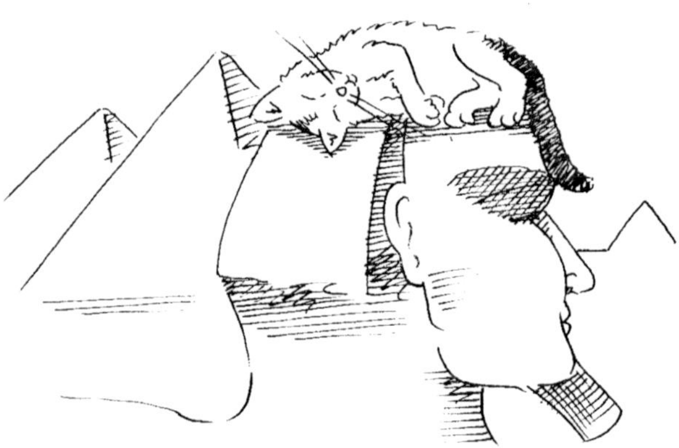

POUR un chat qui est né à l'aube du troisième millénaire, Brum a eu un parcours plutôt rude, et je me suis souvent demandé si, en vivant à une autre époque de l'Histoire, son sort n'aurait pas été meilleur.

Par exemple, naître en Égypte deux mille ans avant J.-C. lui aurait sûrement mieux réussi que de voir le jour à Slough dans les années 1990. Il est bien connu que les anciens Égyptiens vénéraient les chats (ce qui, que je sache, n'est pas une tradition à Slough).

Pour être plus précis, les Égyptiens croyaient que les dieux se manifestaient sous l'apparence de chats. C'est pourquoi ils les adoraient, les bichonnaient et leur vouaient un culte absolu. Honnêtement, vous ne vous aventureriez pas à attraper Dieu par la peau du cou pour lui mettre le nez dans Sa propre urine. Même s'Il a souillé votre couette.

Quand un chat mourait en Égypte, il était embaumé, momifié et enterré dans sa tombe personnelle, où l'on plaçait même des souris embaumées pour qu'il puisse emporter un petit casse-croûte dans l'au-delà. Les Égyptiens étaient si dévots qu'ils ont même capitulé devant l'ennemi pour sauver leurs chats, sans se soucier du fait qu'ils risquaient la mort, ou pire, en laissant celui-ci pénétrer dans l'enceinte de leur ville.

Malin qu'il était, l'ennemi, informé de la faiblesse des Égyptiens pour nos amis félins et pressé de mener à bon terme son jeu de massacre, a eu l'idée de jeter des chats par-dessus le haut mur d'enceinte. Devant ce sacrilège, les Égyptiens n'ont pas tardé à se rendre.

Si Brum avait vécu à cette époque, il aurait sans aucun doute figuré parmi les projectiles.

À une période de l'Histoire où être chat en Égypte était une situation plutôt avantageuse, je suis prêt à parier ce que vous voudrez que, ce jour-là, Brum se serait dirigé tranquillement vers les murs de la ville en se demandant ce qui motivait tout ce tapage. Et il aurait arboré son expression habituelle de surprise en se sentant projeté en l'air. Pourtant, me direz-vous, il aurait dû s'y attendre : ce n'aurait été là qu'une autre vie de gaspillée dans la vie de Brum, après tout.

À dire vrai, ce scénario est très improbable car, pour commencer, je ne peux pas imaginer Brum vivant à cette époque de l'Antiquité égyptienne. La malchance le poursuivant depuis sa naissance, je pense qu'il n'aurait simplement pas pu naître dans ces années-là.

Mais plutôt en Europe, au Moyen Âge, dans une bonne et aimante famille chrétienne.

C'est au Moyen Âge que l'Église, décrétant que les chats étaient un symbole païen, a décidé qu'il fallait les condamner. La persécution des chats est devenue une pratique commune, et les chats étaient brûlés vifs sur les places de villages pour célébrer la fête de la Saint-Jean. Je ne sais pas si saint Jean était particulièrement réputé pour son aversion à l'égard des petits animaux à fourrure, mais quelqu'un avait dû penser qu'il approuverait la mesure. Celle-ci a pris une telle ampleur qu'au début du XV<sup>e</sup> siècle, les chats étaient presque éradiqués de l'Europe.

Peut-être pour se venger de ces traitements affreux, ou tout simplement parce qu'ils étaient morts, les chats ont cessé de tuer nos rats, ce qui, par voie de conséquence, a causé la mort de millions d'entre nous lorsque la peste bubonique s'est répandue en Europe à la vitesse de l'éclair.

Pour autant, les gens ont-ils arrêté de tuer les chats pour s'allier avec eux dans la lutte contre les rats porteurs de peste ? Pas du tout. Ils ont accusé les chats (et les chiens) de propager l'épidémie et se sont servis de ce prétexte pour en massacrer un plus grand nombre encore.

C'est bien plus tard que les hommes ont cessé de rendre les chats responsables de tous leurs maux. Pendant des siècles, on les a pris pour des sorcières déguisées (si vous avez déjà assisté à un spectacle amateur du *Chat botté,* vous savez à quel point cela paraît peu crédible...) et on leur imputait les plus grands malheurs. Leur présence lors des veillées au coin du feu en tout cas n'était pas bienvenue. On les jetait plus volontiers dans les flammes.

Je verrais certainement mieux Brum dans ce contexte-là. Encore que je me demande s'il n'aurait pas pu naître au temps de la préhistoire.

Il y a cinquante millions d'années environ vivait un animal appelé miacidé, qui serait l'ancêtre du chat d'aujourd'hui. Il ne possédait ni l'agilité ni la finesse du chat moderne, pas plus qu'il n'était doté de beaucoup d'intelligence.

Tout me porte à croire que Brum pourrait être un miacidé.

Et même s'il ne représente pas une régression génétique (ce dont il faudra m'apporter la preuve), je pense qu'il se serait bien adapté à cette époque, et qu'il aurait même brillé dans la société des miacidés, car il est permis de penser que cinquante millions d'années d'évolution l'auraient au moins rendu un peu plus futé.

Ce n'aurait pas été une mauvaise époque pour lui. Les dinosaures n'étant plus qu'un vieux souvenir, il n'aurait connu aucun des problèmes liés aux tyrannosaures et autres vélociraptors. Et comme, si incroyable que cela puisse paraître, il existait d'autres espèces encore plus bêtes que les miacidés pour leur servir de nourriture, je pense que Brum aurait volontiers choisi lui-même cette ère si éloignée des tensions de la vie au XXIe siècle.

Arrivé là-bas au terme d'un voyage, aller simple, à travers le temps, je suis sûr qu'il se chercherait une maison douillette avec un bon feu de cheminée. Il constaterait alors que les maisons n'existent pas et que personne n'a encore inventé le feu. Paniqué, il irait en quête de quelqu'un auprès de qui se plaindre, et il découvrirait que les humains ne sont pas encore arrivés, et que le jambon et le thon en conserve ne seront pas disponibles avant un peu plus de dix-huit milliards de jours.

Démoralisé, il s'installerait alors pour attendre.

# La vie à la ferme

*Un esprit parmi les idiots*
*et un idiot avec de l'esprit.*

Alexander Pope

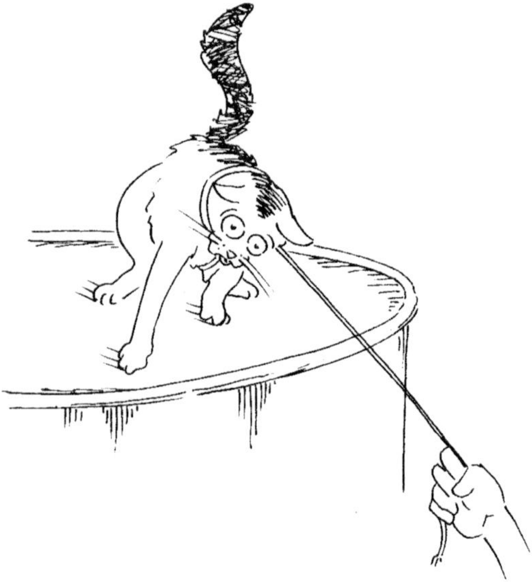

UNE année de la vie de Brum s'est déroulée dans une ferme.

C'était une période intéressante parce que, en matière d'humiliations, c'est moi qui me suis distingué le plus, pas lui.

Non qu'il ait brillé par ses talents de chat de ferme, absolument pas. Ce que je veux dire, c'est qu'il s'est simplement contenté de maintenir une sorte d'équilibre dans le ridicule. Tandis que sa vie poursuivait allégrement son cours catastrophique, Brum a pu me voir dégringoler de la position supérieure d'où nous, humains, le dominons, et sombrer dans l'abîme, quelque part au-dessous de lui.

C'était aussi une période difficile dans notre existence. Nous avions récemment abandonné mon appartement de célibataire pour nous installer avec une jeune dame, le nouvel amour de ma vie. Il n'a pas fallu plus de quelques semaines avant qu'elle ne prenne conscience de ce qu'impliquait le mot « vie », qu'elle cesse de nous trouver à son goût et décide de mettre de la distance entre nous. Désormais sans domicile, j'ai loué une vieille ferme, le temps de réfléchir à notre prochaine étape.

C'était une vieille ferme, mais une ferme en activité. Le fermier et sa famille vivaient dans un bungalow moderne à l'autre bout de la cour. Sa production était principalement laitière, les étables se situant à proximité de notre porte de derrière. Il y avait également un poulailler, dont les œufs étaient vendus directement au public, lequel était invité, à la manière confiante d'autrefois, à « laisser l'argent dans la coupelle », ce qui n'aurait jamais fonctionné à ma précédente adresse – les œufs, l'argent et la coupelle se seraient envolés en un rien de temps. Même les poules et le poulailler auraient probablement été embarqués, repeints et vendus à un mec chauve, avec des tatouages et un bouc.

Le fermier, quant à lui, était un brave type, qui s'exprimait avec l'accent campagnard du Buckinghamshire, une sorte de dialecte paresseux aux inflexions traînantes. Paresseux, en ce sens qu'on ne se donne pas la peine de terminer les mots et qu'on ne voit vraiment pas l'intérêt de prononcer toutes les syllabes ; traînant, parce qu'à la campagne, il est inutile de se presser. Il manifestait un humour sec et impitoyable, comme je devais le découvrir à mes dépens.

Ce qu'il avait de plus remarquable, cependant, c'était sa taille. C'était un montagnard, un colosse barbu qui avançait en traînant les pieds. Plus extraordinaire encore : la taille de son fils de douze ans. Déjà aussi grand que moi (presque un mètre quatre-vingts), il avait une stature… euh… de fils de fermier.

Si moi je trouvais ces deux-là un peu intimidants, Brum, lui, devait sérieusement penser que je l'avais emmené vivre au pays des géants. Jusque-là, il avait grandi dans une zone plutôt urbanisée. Il n'existait aucun champ ou parc dans le voisinage immédiat, si bien qu'il n'a guère eu l'occasion de voir d'animal plus grand qu'un chien. Alors quand il s'est échappé, la première semaine, et s'est dirigé vers les étables, il allait au-devant d'un choc inimaginable.

À notre échelle, c'est comme si nous avions ouvert la porte et trouvé un troupeau de diplodocus broutant sur la pelouse. Je ne sais pas ce qu'il s'attendait à voir dans ces étables, mais sûrement rien qui ressemble à un groupe de monstres mugissants.

À vrai dire, je ne comptais pas le laisser sortir avant la semaine suivante. Les chats sont connus pour leur nature casanière, et je voulais qu'il s'adapte à la maison avant de le lâcher dans un nouvel environnement. Aussi, pendant que Brum était en route pour vivre l'un des plus grands chocs de sa vie, je suis resté sur le pas de la porte à secouer une boîte de croquettes pour chats, comme tout un chacun en pareille circonstance.

Il a déboulé de la grange comme une furie et s'est précipité contre mes jambes à une vitesse telle qu'il m'a soulevé de terre. Il a disparu dans la maison en un éclair, tandis que je m'étalais dans la gadoue. Évidemment, c'est ce moment que le fermier et son fils ont choisi pour faire leur apparition.

Couvert de boue, j'ai tenté de me relever, avec pour seul résultat de perdre l'équilibre et de me retrouver les quatre fers en l'air dans une flaque profonde d'au moins trente centimètres.

Arrivé à ma hauteur, le fermier m'a adressé un salut de la main. Ni lui ni son fils Michael ne paraissaient le moins du monde surpris ou amusés de me voir dans cette situation.

« B'jour, a-t-il dit. Con'ent d'vous voir. J'voulais juss'ment vous parler. »

Pour des raisons que je n'ai jamais réussi à m'expliquer – mais probablement parce qu'il semblait totalement indifférent à ma situation – je me suis comporté comme s'il n'y avait rien de plus normal que d'être assis dans une flaque d'eau glacée, en short et en tee-shirt, le matin, au mois de janvier.

Michael et lui se trouvaient maintenant directement au-dessus de moi, ce qui me gênait pour me relever. Il aurait fallu, soit que je me recule à croupetons en m'appuyant sur les mains, soit que je m'accroche à leurs manches pour essayer de me mettre debout. Aucune de ces options ne me semblant plus digne que rester assis dans la flaque, je ne savais vraiment pas quoi dire ni faire.

« V'savez, si v'voulez des œufs frais, a-t-il poursuivi, z'en trou'rez tous les ma'ins dans la r'mise, là-bas. Z'avez qu'à laisser les sous dans l' bol. »

J'ai bredouillé que c'était super et que rien ne pouvait battre des œufs fraîchement pondus. Quoique involontaire, mon jeu de mots a beaucoup plu au fermier, qui a entrepris alors de me faire un exposé de plusieurs minutes sur la meilleure façon de les pocher.

Lorsqu'ils se sont enfin décidés à reprendre leur chemin, le père s'est arrêté et s'est retourné pour me regarder d'un air pénétré. « Chais pas c'que vous faites là, mais y a plein d'cochonneries dans c'te boue. Ça doit pas être trop bon pour la santé, de pa'auger d'dans comme ça. »

Le temps que je puisse répondre, ils avaient disparu. J'étais estomaqué. Je n'arrivais pas à croire que j'avais pu participer sans sourciller à une conversation banale en restant assis dans une flaque d'une substance marron indéfinissable.

À ce stade, je pensais très sérieusement avoir subi la pire humiliation de ma vie. Tout au moins jusqu'à ce qu'un autre événement se produise, à peine quelques mois plus tard.

Nous nous étions bien adaptés. Brum semblait plutôt heureux à l'intérieur de la maison. Il s'aventurait rarement à plus de quelques pas de la porte de derrière. Il passait de longues heures assis sur la table devant la fenêtre, à observer avec inquiétude les étables de l'autre côté de la cour, dans l'attente du pire.

À l'époque, je possédais une grosse camionnette blanche. Comme je l'utilisais dans un cadre professionnel, je devais la garder propre et présentable en permanence. Il me fallait donc la laver dans la cour tous les week-ends. Un mois environ après notre arrivée, Brum a décidé que le moment du lavage était particulièrement opportun pour pousser un peu plus loin ses explorations, puisque je me trouvais à proximité, prêt à m'effondrer sur lui comme un arbre qu'on abat si les choses tournaient mal. Je l'ai vu disparaître dans les épais buissons derrière la camionnette et je n'y ai plus pensé.

Len, le fermier, avait installé le tuyau d'arrosage des étables pour mon lavage hebdomadaire, et juste quand je pointais le jet puissant sur le toit de la voiture, une bouille de chat est apparue soudain au-dessus du rebord, pour disparaître brutalement dans une énorme explosion d'eau, balayée par un torrent furieux. J'ai entendu un cri, puis le bruit assourdissant d'une masse qui s'écrasait sur les buissons. Avec la résignation qui vient avec l'habitude, je suis parti à sa recherche, préparé au pire. Ne relevant aucune trace d'atterrissage de chat mouillé, j'en ai conclu avec tristesse qu'il était mort (encore une fois). Je l'ai retrouvé un peu plus tard, assis sur le canapé, trempé comme une soupe.

Pour lui, c'était la goutte qui fait déborder le vase. Ajoutez à ces déboires l'énorme chatte qui nous rapportait tous les matins des souris et des rats morts, le narguant à travers la vitre, le bruit terrifiant du système de chauffage et la sonnerie du téléphone de la cour qui faisait office de réveil à quatre-vingts décibels deux ou trois fois par jour – il y avait de quoi dégoûter Brum définitivement de la vie de ferme. À dater de ce jour, il n'a plus mis le nez dehors.

Même la vie casanière allait virer au désastre quand j'ai invité quelques amis pour un après-midi non-stop de matches de foot télévisés et de pizzas. Il se trouve que l'un de mes invités était terrorisé par les chats. C'était un grand gaillard, qui n'avait pas peur de grand-chose, mais qui manifestait une étrange aversion pour Brum et son espèce.

Ce que Brum ignorait, tout comme ce type ignorait l'existence de Brum. Alors, quand mon chat lui a atterri sur les genoux sans crier gare, au milieu de la seconde mi-temps du dernier combat épique que Manchester City livrait pour sa survie, ce fut, pour l'un comme pour l'autre, un sacré choc.

Brum a été propulsé à un mètre de hauteur, au moins, suivi de près par sa victime hurlant sous le coup de la surprise. À ce moment précis, pour compliquer les choses, le ballon est allé frapper le fond du mauvais but et tout notre groupe s'est levé comme un seul homme, vociférant et gesticulant furieusement. Dans la pièce, jusqu'ici relativement calme, le vacarme et l'excitation étaient à leur comble au moment où le corps de Brum a été projeté en l'air.

Il a dû croire que le monde était devenu complètement fou. Un jardin plein de bêtes de la taille d'une montagne et une maison retentissant de bruits et de hurlements forcenés à sa simple apparition, c'était trop. Dès lors, il s'est replié sur lui-même, et ma mère s'est donné pour mission de le sauver.

Depuis que j'étais redevenu célibataire, maman, Dieu la bénisse, s'employait à assurer mon bien-être, Brum étant un autre malheureux à qui elle se devait de porter secours par la même occasion. Deux pour le prix d'un. Elle estimait que pour son salut, comme pour le mien, il fallait « sortir davantage ».

Bien malgré elle, cette conviction allait me valoir la plus totale des humiliations.

Elle nous a acheté une laisse pour chat.

L'objet était une sorte de harnais, qu'on

passe autour du cou de l'animal et sous sa poitrine. Une fois en place, il ne reste plus qu'à traîner un chat inerte. C'est avec une appréhension certaine que j'ai tiré Brum dans la cour cette nuit-là, après avoir vérifié que la voie était libre. Nous avions parcouru à peine quelques pas quand il a sauté brusquement, en me démettant presque l'épaule, sur une vieille cuve à mazout, haute de deux mètres cinquante.

Je savais que le métal sur le dessus était rouillé et en très mauvais état. Ma crainte immédiate était qu'il passe à travers et tombe dans la cuve, coutumier qu'il était de ce genre de choses. Je savais également que si je le lâchais avec la laisse autour du cou, il ne manquerait probablement pas de se pendre.

C'est ainsi que je me suis retrouvé planté là, un bras tendu au-dessus de ma tête, accroché désespérément à une laisse dont l'extrémité disparaissait derrière le bord supérieur d'une citerne à mazout, lorsque le fermier Len et son fils ont fait irruption dans la cour.

Je ne sais vraiment pas comment ces deux-là se débrouillaient pour me faire le coup à chaque fois, toujours est-il qu'ils avaient l'art de me tourner en ridicule sans se départir de leur air innocent. Ils arrivaient à m'empêcher de m'exprimer, c'est-à-dire d'expliquer ce que j'étais encore en train de fabriquer cette fois-ci.

Len a entamé la conversation par quelques commentaires au sujet du temps :

— C'est pas sou'ent qu'y fait si chaud en avril. Encore leurs hiss'oires d'ozone, j'parie.'

J'ai opiné bêtement.

— Si not' minette con'inue de déposer des souris de'ant vot' porte, z'avez qu'à les jeter dans la benne à or'ures et les chiens les mangeront... Moi, je fais toujours ça.

— D'accord, pas de problème, ai-je marmonné, un peu horrifié.

Michael a entrepris alors d'émettre des théories sur la victoire assurée d'Arsenal sur le reste du monde. En tout, ils ont parlé pendant un bon quart d'heure.

Pas une fois l'un ou l'autre ne m'a demandé pourquoi je gardais un bras (douloureusement) en l'air. Pas plus qu'ils ne m'ont demandé pourquoi la laisse à laquelle je m'agrippais se mettait par moments à tressauter violemment.

Et quand j'ai cru qu'ils étaient enfin décidés à s'en aller, Len m'a regardé droit dans les yeux. Son visage s'est rembruni légèrement, et baissant la voix, il m'a chuchoté sur le ton de la conspiration :

— V'savez qu'y a un chat au bout de vot' ficelle, mon gars ?

Je conserve le souvenir cuisant d'avoir bredouillé quelque chose d'inepte, du style :

— Euh... oui... oui, c'est bon... merci.

En s'éloignant d'un pas alerte vers les bâtiments, ils n'ont pas résisté à la tentation de se retourner. Je leur ai fait un signe de la main, auquel ils ont répondu tous les deux avant de passer la porte.

Il m'a fallu un certain temps pour récupérer Brum.

Il a fallu plus longtemps encore avant que le rouge de la honte ne disparaisse de mes joues.

# Un hiver très froid

*Par la seule force de sa volonté,*
*Il a marché sur les flots.*

John Milton

Je me souviens d'avoir lu, il y a un certain temps, un livre de science-fiction qui mettait en scène un chat nommé Pete. Quand il quittait la maison, Pete allait à chaque porte et à chaque fenêtre pour s'assurer du temps qu'il faisait depuis chacun de ses postes d'observation, avant de décider quelle était sa meilleure option. C'est ce comportement qui a donné son titre au livre : *The Doorway to Summer, Une porte vers l'été*.

C'était un très bon livre, avec une fin presque heureuse. Quand, arrivé à l'avant-dernier chapitre, le héros et le chat ont vaincu tous les méchants et sauvé la fille, on se sentait heureux. Mais le dernier chapitre, qui débutait par une phrase comme : « ... mais les chats vieillissent et

Pete mourut cette année-là », vous laissait la gorge serrée. Et puis arrivait le coup de grâce : « Pete ne trouva jamais sa porte vers l'été. »

Oh, bon sang.

Je mentionne ce livre pour une raison spécifique. Pas pour dire que les chats vieillissent et que ça n'a rien de réjouissant, mais à propos de ce chat en particulier et de sa conviction que l'été est forcément là-dehors, quelque part, puisque tel était le cas à un moment donné. Ce n'est pas sans rapport avec l'histoire que je vais vous raconter au sujet de Brum et de la mare aux poissons de la ferme.

Brum n'a rien d'un tueur, donc la pêche ne l'a jamais attiré. Pour lui, contrairement à beaucoup de chats qui prennent plaisir à faire trempette et ont parfois la patte heureuse, la mare était un endroit à fuir. Il y a suffisamment de dangers dont il doit se garder sans se risquer à marcher sur des pierres glissantes autour d'un trou rempli d'eau et relié au système électrique de la ferme (l'éclairage extérieur).

Mais en hiver, tout est très différent. La

gouttière peut se transformer en une guirlande de stalactites étincelantes, le vieil incinérateur en tôle devient une montagne enneigée qui se dresse majestueusement sur un sol blanc. Et la dangereuse fosse pleine d'eau se mue en un morceau de terre ferme. Une terre ferme terriblement attirante. Un sol translucide et brumeux, sous la surface duquel des formes et des lumières se meuvent mystérieusement.

Brum observait tout cela de sa fenêtre. La tentation était trop forte. Au bout d'un an ou presque d'une vie d'ermite version chat domestique, Brum est sorti pour aller y regarder de plus près. Par des températures négatives et un mauvais vent arctique, il a décidé que le moment était bien choisi pour passer à l'extérieur toutes les heures où il ne dormait pas.

Pendant la quinzaine qui a suivi, son univers a gelé. Une couche de glace recouvrait la mare. Personnellement, je ne m'y serais pas hasardé, mais une créature aussi légère qu'un chat ne courait aucun risque de la casser. Il y a en chacun de nous le désir enfantin de marcher sur quelque chose d'aussi beau et dangereux qu'un étang gelé. Marcher sur l'eau, faire la nique au liquide qui se trouve en dessous, aller là où on ne le peut généralement pas. Mais Brum avait beau être fasciné par la glace, la tentation de s'y aventurer n'était pas tout à fait assez forte.

La mare était gelée depuis un certain temps quand l'énorme chatte de la ferme a déboulé dans la cour et exigé que Brum quitte immédiatement son territoire. Brum a refusé de partir. Les adversaires ont campé sur leurs positions un long moment de chaque côté de la mare.

Avec une température très inférieure à 0°, je pense qu'il y a bien mieux à faire que passer quasiment une heure à s'affronter du regard de part et d'autre d'une eau gelée, mais chaque fois que je regardais dehors, c'est ainsi que je les voyais. Si au moins ils s'étaient bagarrés, ça les aurait réchauffés un peu.

Finalement, l'énorme chatte s'est dressée sur ses pattes et, lançant un cri de guerre strident, a commencé à traverser ce *no man's land* de mare. Brum s'est levé courageusement et a battu en retraite, selon sa tactique de combat habituelle.

Trois mètres plus loin, il s'est arrêté dans sa fuite et s'est retourné pour faire face à l'ennemi. Tous deux se sont installés et ont recommencé à se toiser.

Pourquoi se comportent-ils ainsi ? Des ordres leurs parviennent-ils de quelque part ? Pourquoi est-ce que l'un commence à attaquer l'autre, puis s'arrête, et que l'autre s'enfuit, et s'arrête à son tour ? Reçoivent-ils des infos par transmission aérienne via des patrouilles de mésanges ?

Brum paraissait maintenant un peu plus effrayé. Parce que son adversaire avait gagné du terrain ? Ou bien avait-il remarqué quelque chose de bizarre ?

La chatte était assise au milieu de la mare.

Je suis sûr que Brum en était conscient. Je n'ai aucun moyen de le savoir vraiment. Mais il s'est produit quelque chose qui m'a paru aussi étrange qu'avait dû sembler à Brum la présence d'un chat assis sur l'eau : Brum s'est levé et a marché vers son adversaire. Une manœuvre de ce genre (avancer) n'avait jamais fait partie de sa stratégie de campagne. Le voir ainsi partir à l'attaque était tout à fait surprenant.

Il était désorienté. Il paraissait ne pas remarquer le feulement sourd venant du milieu de la mare. Au moment où il a atteint le bord de celle-ci, il ne semblait même pas conscient de la présence de la chatte. Son ennemie a eu l'air décontenancée. Elle s'est levée et s'est étirée, avant de s'éloigner avec nonchalance, comme si elle n'avait jamais eu la moindre intention de se battre et n'était sortie que pour faire une petite promenade.

Brum a reniflé la glace, mais ne s'y est pas aventuré. Il s'est dirigé vers la chatière, en contournant prudemment la mare. Je l'ai vu trébucher et tomber un peu avant d'atteindre la porte. À cause de quoi, je n'en ai pas la moindre idée – peut-être a-t-il dérapé sur la glace. C'est à de tels moments que je dois le véritable plaisir de vivre en compagnie de Brum. Voir un chat s'étaler est un spectacle hilarant. L'expression de ses yeux écarquillés sous le choc tandis qu'il tente de se remettre d'aplomb n'a pas de prix. Brum ressemblait davantage à un chameau qu'à un chat, s'efforçant maladroitement de trouver ses pattes, puis il a enfin réussi à se redresser, comme une énorme bête croulant sous une charge d'une demi-tonne.

J'ai fait semblant de ne pas regarder. Je ne voulais pas gâcher l'un de ses rares moments de victoire.

Environ une heure après, la panique l'a saisi. À mon avis, il venait de prendre conscience qu'il avait attaqué un ennemi agressif. Les oreilles en arrière et les yeux grands ouverts, il a passé la majeure partie de la soirée le regard fixe et l'air hanté.

Le lendemain, il s'est amusé avec la mare. Il s'est promené le long du bord. Il a reniflé la glace et lui a donné des coups de patte. Enfin, il a marché dessus, glissant un peu, tombant une fois, visiblement plutôt content de lui-même.

Deux jours plus tard, il commençait à bien connaître la mare. Il jouait dessus comme un chaton, sautait et patinait sur la glace, pourchassant sa propre queue et attrapant des insectes imaginaires en plein vol.

Et c'est là que l'histoire prend un tour familier. Celui des catastrophes dont Brum s'est fait une spécialité. D'instinct, vous sentez que ça va arriver. Cette fois, ça paraissait évident, compte tenu du danger inhérent à la situation. Mais la glace n'a pas cédé. Il s'est amusé dessus pendant plusieurs jours, et elle n'a pas cassé.

En fait, la glace n'y était pour rien et c'est justement là que résidait le problème.

Le temps s'était un peu radouci et le samedi matin, la température était beaucoup remontée. Dimanche matin, il ne restait que quelques amas de neige et de glace. La gouttière gouttait, l'incinérateur était redevenu un incinérateur et la mare était pleine d'eau.

Je n'ai pas assisté à la scène, mais mon père – que ma mère avait traîné avec elle dans cette nouvelle visite de réconfort – en a été témoin.

D'après ce qu'il m'a dit, c'est dans une envolée majestueuse que Brum s'est jeté dans cette mare. J'aurais tant voulu voir ça. Un grand moment. Être là, à contempler tranquillement son jardin en fumant sa pipe et en rêvassant, et voir un chat débouler à toute vitesse, sauter par-dessus la rocaille et bondir sur ses quatre pattes jusqu'au centre d'une mare, dans un immense éclaboussement. Mon père, qui se tenait pourtant à un mètre cinquante au moins du bord, s'est retrouvé avec le pantalon trempé.

Brum est rentré dans la maison le premier. Et cette espèce de rat grelottant et dégoulinant a atterri sur mes genoux avant que je ne le voie venir, ajoutant une demi-tasse de thé tiède au liquide qui le recouvrait. Papa suivait, pantalon et pull trempés et un bras saignant abondamment (lacéré comme il se doit par Brum, à qui il avait eu la mauvaise idée de venir en aide).

Nous nous sommes regardés les uns les autres, abasourdis, mouillés, les yeux écarquillés, les oreilles rabattues en arrière. Pendant une bonne demi-minute, personne n'a rien dit, puis nous nous sommes tous mis à parler en même temps, même Brum, qui crachait furieusement en direction de mon père qui avait bêtement voulu le sauver. Quand mon père est parti pour l'hôpital, Brum lui jetait encore des regards assassins depuis son tas de serviettes de bain à côté du chauffage.

Alors, vous voyez le rapport ?

C'est une sorte de *Porte vers l'été*, à l'envers.

Pete, Dieu ait son âme, pensait que l'été était toujours là-dehors, quelque part, tandis que Brum, maudit soit-il, possédait la même conviction au sujet de l'hiver.

Bien sûr, tous deux étaient de parfaits imbéciles.

# Psychose

*Fou, méchant*
*et dangereux à fréquenter.*

Lady Caroline Lamb

À N'EN pas douter, la chatte de la ferme était une dure à cuire. Elle avait peut-être battu en retraite ce jour de grand froid, mais simplement parce qu'elle avait pris à tort l'avancée de Brum pour une charge audacieuse. Son éducation rurale et ses instincts d'impitoyable chasseresse me rappelaient beaucoup un autre chat que j'avais connu par le passé. Un chat qui ne se serait jamais avoué vaincu. Un chat nommé Peanuts.

Peanuts, qui appartenait à un couple pour lequel je travaillais à une époque, passait le plus clair de son temps dans notre Centre opérationnel des Messageries internationales – en réalité guère plus qu'un petit bureau dans un cottage à la campagne. Déjà à l'époque il se faisait un peu vieux et au moment où j'ai quitté la société, il était devenu assez docile mais dans sa jeunesse, il n'avait peur de rien. En toute honnêteté, je peux affirmer que c'était le plus grand salopard que j'aie jamais rencontré. Bien plus féroce que cette chatte, et un adversaire auquel Brum n'aurait jamais pu se mesurer.

Lui aussi avait été élevé dans une ferme, et il avait perdu sa sœur dans une bagarre avec un vison. Il se battait pour survivre contre toutes sortes d'animaux féroces et arborait constamment des blessures de guerre, les oreilles lacérées, les yeux meurtris et le regard halluciné.

Une de ses pires habitudes consistait à ramener des lapins à la maison et à les manger entièrement, à l'exception de la queue et d'une patte de devant, qu'il laissait avec quelques viscères sur le sol du bureau, comme cadeau pour nous ou en offrande à Dieu pour son intercession en faveur de la gestion lucrative de notre entreprise. Cette seconde hypothèse est sans doute la bonne, car je ne vois vraiment pas comment une entreprise gérée par moi aurait pu être un tant soit peu lucrative autrement.

Cette habitude a viré à l'obsession. Nous trouvions constamment une queue et une patte au milieu de la pièce. Des meurtres en série. Peanuts est le seul chat de ma connaissance à pouvoir être qualifié, à juste titre, de *serial killer*. Je me souviens d'un coursier âgé, du nom de Bert, qui travaillait pour nous. Bert était incroyablement lent. Il partait pour une course que n'importe qui d'autre aurait faite en une demi-heure, et deux heures plus tard il n'était toujours pas arrivé à destination. C'est comme s'il entrait inconsciemment dans un état statique, ne se rendait pas compte qu'il avait perdu deux ou trois heures et se montrait à la fois blessé et surpris lorsque l'on suggérait qu'il se faisait attendre depuis une éternité.

Notre plus grande crainte était que Peanuts ne s'en prenne un jour à lui. Je m'attendais presque à voir un matin les journaux titrer à la une :

# LE QUOTIDIEN

## Le tueur de lapins a encore frappé

### Une nouvelle vague de terreur déferle sur un village paisible du Buckinghamshire

*Le tristement célèbre tueur en série surnommé le « Lacérateur des lapinous » a de nouveau sévi, endeuillant encore une fois un joli village du Buckinghamshire.*

*Le Lacérateur, connu pour sa façon atroce de signer ses crimes par des actes de cannibalisme et d'amputation rituelle d'une patte et de la queue de ses victimes, aurait massacré et mangé un homme de 59 ans habitant la localité, Bert Simmonds. Pour la première fois, le tueur s'est attaqué à une proie autre qu'un lapin.*

*Simmonds travaillait dans la région comme coursier. Quand il était en mission, il lui arrivait souvent de demeurer immobile pendant des heures, ce qui porte la police à croire que le tueur a pu le confondre avec un lapin.*

*Selon un porte-parole de la Police de la*

*Vallée de la Tamise, « M. Simmonds pouvait rester inerte pendant le travail, et ressembler beaucoup à un lapin effrayé, tressautant à peine mais ne bougeant pas vraiment et n'exerçant aucune activité. Si le Lacérateur des lapinous l'a repéré sur le bord de la route, il est fort possible qu'il l'ait pris pour un très gros lapin, l'ait tué, puis mangé. Nous pensons que le tueur ne s'est rendu compte de son erreur qu'après avoir constaté que M. Simmonds ne possédait pas une queue en forme de pompon.*

*Nous pensons également que c'est la raison pour laquelle seule la main gauche de M. Simmonds a été retrouvée sur les lieux du crime. Nous considérons qu'il s'agit là d'une erreur tragique, et qu'aucun autre non-lapin n'est en danger immédiat. Cependant nous recommandons vivement à toute personne qui aurait l'intention d'imiter un lapin en un endroit isolé de s'abstenir. Sauf urgence, il est conseillé de remettre cela à plus tard. »*

Peanuts était, et l'est probablement encore, un chat au vrai sens du terme. Froid, calculateur, pervers et sadique. Je l'aimais vraiment beaucoup. Pas Brum. Il l'a rencontré une seule fois et il lui a suffi d'une seconde pour reconnaître qui des deux était le mâle dominant.

Brum était au bureau avec moi pour quelques heures car, ce jour-là, je devais l'emmener, directement en sortant du travail, à un rendez-vous chez le vétérinaire (Brum avait de très nombreux rendez-vous de vétérinaire).

Aussitôt qu'il a vu Peanuts, avec son allure dangereuse, ses muscles et ses blessures de guerre, il a grimpé le long de ma chemise et a tenté de se cacher derrière ma tête, refusant, malgré mes efforts, de regagner le sol. Peanuts l'observait d'un œil indifférent, presque amical, sans manifester une quelconque émotion.

J'ai finalement réussi à le remettre par terre, sur quoi Peanuts Jekyll s'est mué en Peanuts Hyde, se transformant instantanément en une bête féroce et rugissante. Aussitôt, Brum a détalé, la queue entre les pattes. Peanuts l'a pourchassé autour de notre bureau paysagé, dont ils ont fait trois fois le tour avant que Brum ne saute sur un meuble et atterrisse sur le ventre du nounours parlant de mon patron. L'ours s'est mis aussitôt à interpréter à plein tube une version entraînante de *Are you lonesome tonight ?* achevant de stresser un Brum déjà bien effrayé. Devant ce spectacle horrible de jouet en peluche transformé en crooner, mon chat a failli se jeter de nouveau dans les griffes impatientes de Peanuts, mais heureusement il s'est ravisé de justesse.

Je conserve encore la vision de Brum fixant d'un air horrifié le mouvement mécanique des mâchoires de cet ours en peluche qui chantait allègrement.

Mais si décontracté qu'ait pu paraître Peanuts, il avait cependant une faiblesse. Une seule. Les sièges pivotants.

Le concept d'une chaise tournante dépassait son entendement. Cette faiblesse lui a valu des mésaventures que n'aurait pas désavouées Brum. Peanuts pouvait passer des heures à regarder fixement une chaise de bureau. Il donnait l'impression d'être plongé dans des pensées profondes et des calculs complexes d'angles d'approche, de trajectoires, de vitesses et de points de chute possibles.

Pourtant, après avoir étudié toutes les

possibilités et s'être bien assuré que rien ne risquait d'aller de travers, il semblait oublier ses planifications minutieuses et se jetait aveuglément sur la chaise, que la force de l'impact faisait tournoyer, le renvoyant au tapis aussi sec.

Et le gag se répétait encore et encore. Il mettait de l'animation dans nos mornes heures de travail. Nous avions accroché au mur des dessins le représentant dans le feu de l'action. C'était son numéro, comme celui de Brum consiste à échapper encore et encore à une mort certaine.

Curieusement, quand notre entreprise a déménagé, il a cessé de le faire. Il grimpait sur les bureaux et, de là, il se posait précautionneusement sur les chaises. Dommage. Ses meurtres de lapins ont aussi diminué après le déménagement, quoique, la dernière fois que je l'ai vu, il lui arrivait encore d'en commettre un de temps en temps, histoire de ne pas perdre la main.

Je pense qu'il a mis un frein à cette habitude uniquement parce que les lapins étaient moins nombreux autour de nos nouveaux locaux, mais je suis bien incapable de m'expliquer comment ce déménagement lui a soudain permis de comprendre le fonctionnement des chaises. Au moment où j'ai quitté la société, Peanuts passait son temps surtout à dormir. L'âge avançant, il méritait un peu de repos, et les lapins aussi. Je doute fort que Brum ou moi ayons jamais l'occasion de rencontrer un chat plus brutal, et j'imagine que Brum au moins prie le ciel pour que cela ne se produise pas.

# L'histoire de Sammy

*Il y a au moins un imbécile*
*dans chaque couple marié.*

Henry Fielding

SANS grands regrets, Brum et moi avons finalement quitté la ferme pour nous installer de nouveau avec une dame. J'avais rencontré Lorraine quelques années auparavant, lors d'une soirée à thème médiéval, mais je ne lui avais fait aucune impression. Je portais un costume de chevalier, et j'avais tout de suite succombé à son charme, mais elle ne garde de moi que le souvenir d'un gros visage rond, et jure que j'étais déguisé en bouffon.

Notre deuxième rencontre a eu lieu à une fête. La ferme étant plongée dans l'obscurité totale suite à une coupure de courant, j'avais l'allure de quelqu'un qui s'est habillé dans le noir et, ce soir-là, j'ai eu un grand impact sur elle : j'ai glissé en dansant et je l'ai heurtée en plein milieu du dos. Quand je l'ai aidée à se relever, elle a reconnu ma « face de lune ». Je ne sais pas si elle s'était cogné violemment la tête, mais le fait est qu'elle m'a invité peu après à emménager chez elle.

Pour Brum comme pour moi, c'était une perspective de salut. La chatte de la ferme ne lui avait jamais pardonné l'incident de la mare et passait ses journées à le persécuter ; Brum n'avait pas pardonné à la mare et passait ses journées à la regarder d'un air sidéré. Avec tant d'animosité latente dans notre paisible existence campagnarde, revenir aux abords de la ville était un grand soulagement.

Jusqu'à ce que nous soyons sur les lieux. Lorraine, voyez-vous, possédait déjà un chat, et personne ne nous avait mis en garde contre Sammy.

Sammy est le genre de chat qu'il est difficile de cerner. Avec son pelage mi-long, en majorité blanc mais émaillé de taches, c'est une vraie chatte de calendrier, mais sa personnalité n'est pas tout à fait aussi séduisante.

Elle est boudeuse, difficile et généralement endormie, la version féline d'une adolescente gâtée. Elle paraît affreusement gênée par nos manières de ploucs qui ignorons même le sens du terme « cool », comme n'importe quelle adolescente qui se respecte.

Sammy est la reine du bal, élégante, détachée et sûre d'elle, et Brum, l'abruti, gauche et boutonneux, qui cherche à l'impressionner par tous les moyens et échoue toujours lamentablement.

Si vous vous souvenez de la scène du film *Mary à tout prix* où le garçon arrive chez Cameron Diaz pour l'emmener au bal de fin d'études, vous comprendrez ce que je veux dire. Alors qu'il espère faire bonne impression sur la famille, le malheureux jeune homme s'inflige une série d'humiliations épouvantables, entre autres se faire renverser et tabasser par le frère déficient mental de la fille et devoir recourir à la police et aux urgences médicales pour un problème de fermeture Éclair de braguette. Cela résume plutôt bien le rôle de Brum dans la vie de Sammy.

Compte tenu des circonstances, Cameron Diaz fait preuve de pas mal d'indulgence et de sollicitude, et ne serait donc pas la bonne personne pour représenter Sammy. (Note : ne pas retenir Cameron Diaz pour rôle Sammy si jamais livre devient film.) Sammy observe les diverses catastrophes de Brum avec une certaine indifférence. Occasionnellement, elle cligne des paupières et plaque ses oreilles en arrière, mais seulement dans les moments d'intense souffrance pour Brum.

En dépit de cette désapprobation, elle semble l'aimer bien, d'une manière retenue, mais ne veut surtout pas qu'il le sache. Elle lui a fait comprendre clairement qu'elle est plus forte que lui, que c'est elle, donc, qui mène la danse et que par conséquent elle n'hésitera pas à employer la violence si jamais il oubliait ses manières. Il accepte à contrecœur leur cohabitation. Il aurait emménagé avec le monstre du Loch Ness rien que pour quitter cette ferme.

Moi, en revanche, je ne lui plais pas beaucoup. J'ai bien compris qu'elle était le chef et je surveille aussi mes manières, mais je n'ai jamais réussi à établir avec elle des liens vraiment étroits (parfois, à voir son expression, je pense d'ailleurs que ça vaut mieux pour ma santé).

Il suffit que je nous croie en passe de devenir amis pour qu'elle se remette brusquement à me traiter comme un étranger et crache chaque fois que j'entre dans une pièce. Ce qui me donne l'impression d'être le méchant dans une mauvaise pièce de théâtre, et j'ai beaucoup de mal à ne pas arpenter la scène en émettant des rires diaboliques et en lançant des regards assassins à une audience invisible.

Si Sammy se montre tellement réticente à m'accepter comme quelqu'un d'inoffensif, ce n'est pas entièrement sa faute. Comme beaucoup de ses contemporains dans le monde humain, elle a peur d'accorder sa confiance et de nouer des relations avec d'autres pour avoir souffert de la négligence, voire de la cruauté de certains.

Elle aimerait me faire confiance, mais, du moins pour l'instant, cela ne lui est pas possible, à cause du comportement d'une certaine personne il y a presque dix ans.

Sammy est née dans le Leicestershire (je suis sûr de déceler l'accent de cette région dans ses miaulements). Bien que sûrement contente d'avoir vu le jour au cœur même d'un pays où l'on aime les chats et à près de deux cents kilomètres de Slough, elle a dû quand même se demander comment serait son nouveau propriétaire.

C'était une ordure.

(Non, non, pas moi – le premier.)

Sammy était un chat qui a eu la terrible malchance de tomber entre les mains d'un humain bien inférieur à elle quant à sa valeur morale et son niveau d'intelligence. Pendant deux ans, elle a été régulièrement victime de coups de pied, battue et enfermée dans des espaces confinés par quelqu'un qui la nourrissait et qui croyait que cela lui donnait le droit de la maltraiter à sa guise.

Elle a fini par être sauvée et hébergée chez une nièce de Lorraine, Shelly, qui s'est efforcée de son mieux de l'aider à reprendre confiance.

Shelly avait entrepris une tâche difficile. Effrayée, paranoïaque, Sammy était maintenant un gros paquet de nerfs, crachant et sifflant dès qu'on l'approchait. Elle était devenue claustrophobe à la suite de ses fréquents séjours forcés dans de petits placards sans lumière. Cette claustrophobie la rendait destructrice. Elle paniquait à la vue d'une porte fermée et s'acharnait à l'ouvrir, en saccageant moquettes et peinture dans la foulée. Psychologiquement détraquée, Sammy était un cauchemar ambulant, mais la chance lui souriait enfin.

Quelqu'un voulait lui venir en aide.

Shelly a supporté les dégâts et la frustration de vivre avec un chat qu'elle pouvait à peine approcher et, lentement mais sûrement, Sammy a fait des progrès. Pas assez, toutefois, au moment où Shelly est tombée enceinte de son premier enfant.

C'était un crève-cœur pour elle que de devoir se séparer de Sammy, mais celle-ci restait encore beaucoup trop imprévisible pour ne pas constituer un danger pour un bébé. Shelly savait que tout serait à recommencer à zéro si elle ne lui trouvait pas un foyer aimant.

Heureusement, Lorraine a décidé de relever le défi, en prenant le relais de Shelly et en poursuivant son œuvre.

Environ deux ans et demi plus tard, cinq ans après la fin de ses malheurs, Sammy accordait suffisamment de confiance à Lorraine pour venir se blottir sur ses genoux le soir. Elle avait perdu sept ans, peut-être la moitié de sa vie, à souffrir et à se remettre de ses traumatismes.

C'est à peu près à cette époque que la relation entre Lorraine et moi a dépassé le stade du match de lutte corps à corps et que Brum et moi nous sommes installés chez elle. Lorraine ne nous avait peut-être pas mis en garde contre Sammy, mais elle avait sûrement mis Sammy en garde contre moi. S'il y a une chose dont Sammy ne voulait pas, c'était d'un homme à la maison.

Malgré tous les efforts que je déploie depuis mon emménagement, Sammy continue de penser que tous les hommes sont des salauds. Je n'apprécie guère d'être catalogué comme salaud par qui que ce soit, humain ou félin, d'autant qu'elle n'a pas appris à me connaître suffisamment pour savoir si c'est vraiment le cas. Mais comment en vouloir à quelqu'un qui a si mal démarré dans la vie ?

Elle aura au moins appris une chose depuis notre arrivée, c'est que tous les représentants du sexe masculin ne sont pas effrayants, cruels et redoutables. Elle a dû être drôlement soulagée quand elle a compris sur qui elle était tombée.

Forte de ses expériences douloureuses, elle s'attendait probablement au pire. Si elle avait été prévenue de notre arrivée, elle serait restée figée dans l'entrée, retenant son souffle, le regard fixe, paralysée par une peur mortelle à l'idée de se trouver nez à nez avec Freddy Krueger ou Hannibal Lecter [1].

Mais tandis que la brume de la rue se dissipait dans la pénombre de la porte entrebâillée… ce sont Laurel et Hardy qui ont fait irruption dans sa vie.

1. Personnages centraux des films *Les Griffes de la nuit* et *Le Silence des agneaux*.

# Je n'appelle pas ça voler…

*Soyez courageux ! Soyez aussi courageux*
*que vos pères avant vous !*
*Ayez confiance ! Allez de l'avant !*

Thomas A. Edison

BEAUCOUP de gens n'ont pas idée du degré d'adresse et de (manque de) concentration qu'il faut posséder pour tomber. Comme disait Woody, le célèbre cow-boy de Disney : « Ça ne s'appelle pas voler, mais tomber avec panache. »

Ce qui, bien sûr, n'est pas tout à fait pertinent ici parce que, contrairement à l'astronaute en plastique auquel Woody faisait référence, Brum n'a jamais prétendu voler, mais j'aime bien la phrase et je considère que « tomber avec panache » est vraiment le point fort de Brum.

Tomber avec panache, à la différence de tomber tout court, exige de la précision et de la coordination.

Le panache consiste à s'assurer qu'au

cours de la chute votre tête entre en contact avec du bois ou du métal.

Le panache consiste à faire en sorte que tout objet au sol susceptible d'être brisé à cause de votre chute soit frappé avec une force maximale et détruit au point de devenir méconnaissable.

Le panache exige que l'on ait un public. Un chat qui tombe dans les bois, sans témoins, produit-il un son ? Je pense que oui… sûrement, mais je crois que je m'égare, où en étais-je, ah oui, si personne n'est présent pour assister à la chute et diffuser la nouvelle en assurant audit chat l'humiliation la plus totale ? Eh, bien la réponse est non !

Enfin, le panache suppose que les conséquences de la chute paraissent aussi comiques que ridicules. Il ne suffit pas simplement de tomber, encore faut-il agripper et entraîner un objet dans sa chute, lequel objet sera de préférence retenu à quelque chose de grand et d'instable, comme moi, de sorte que, dans les secondes qui suivent, les occupants de la pièce et presque tout son contenu s'écroulent à leur tour.

Ce qui nous amène de façon élégante à

une chute exécutée avec un panache tel qu'il a suffi d'une hauteur d'un mètre cinquante seulement pour que tous les critères ci-dessus soient remplis.

À Noël dernier, l'activité était un peu plus intense que d'habitude à la maison, en grande partie parce que Lorraine et moi étions allés honteusement vite en besogne aussitôt après avoir commencé à vivre ensemble. D'où Maya, une petite fille de seize mois et onze kilos d'adrénaline en ébullition, qui s'employait à nous faire dépenser pour la distraire plus d'énergie que nous avions jamais imaginé posséder et aussi à nous vider de toute l'énergie qui aurait pu nous rester en nous gardant réveillés toute la nuit, ce qui signifie que nous n'avions jamais eu aussi peu d'énergie tout en n'ayant jamais été aussi énergiques, si vous voyez ce que je veux dire.

Donc, sur fond de joyeux chaos et d'épuisement total, j'avais finalement entrepris d'installer les décorations, un jour avant que ça n'en vaille plus la peine.

Après avoir disposé les guirlandes, les cartes de vœux et les décorations extérieures, j'avais assemblé notre arbre artificiel et commencé à enrouler autour une guirlande lumineuse. Je me suis toujours posé des questions au sujet du rituel du sapin de Noël. Pour commencer, c'est un symbole païen qui date d'avant le Christ et célèbre les « esprits du bois ». Avec l'usage très répandu d'arbres artificiels, le bois n'est même pas présent. En résumé, donc, les arbres n'ont rien à voir avec Noël ou le christianisme, d'ailleurs la moitié d'entre nous achète des sapins en plastique, et comme il n'existe pas à ma connaissance de rite célébrant les « esprits du plastique », la tradition a perdu beaucoup de son sens. Je prie les esprits du plastique que la lecture de ces propos aurait offensés de bien vouloir m'excuser.

Quoi qu'il en soit, je vais maintenant essayer de vous expliquer la configuration de notre salon pour que vous compreniez bien comment cette catastrophe « brumesque » s'est produite.

L'arbre était installé au milieu de la fenêtre. À sa droite se trouvaient une lourde table basse en chêne et Brum, endormi en haut de l'escabeau que j'avais utilisé pour suspendre mes décorations. Au-dessous de lui, passant par-dessus la table et un fauteuil, était branché, pour les besoins d'un essai, le cordon de la guirlande, tendu à l'extrême dans l'attente de la rallonge nécessaire.

À la gauche de l'arbre de Noël se tenait votre serviteur, disposant artistiquement les lumières sur les branches. Il était 18 h 30 environ, et les rideaux étaient tirés.

Est alors entrée en scène côté cour la petite Maya, poussant à toute blinde une dépanneuse en plastique. L'idée de ralentir à l'approche d'un obstacle fixe ou immobile lui était encore étrangère ou ne la séduisait pas, et le camion fonça dans l'escabeau de Brum.

Lorraine, sa mère, courant derrière le bébé en fuite, a hurlé en voyant l'escabeau chanceler et osciller, à deux doigts de heurter la fenêtre.

Brum, avec une grâce et un sens de l'équilibre horriblement peu félins, s'est contenté de se laisser rouler par-dessus bord et n'a semblé réagir qu'au moment d'entamer sa descente dans le vide. Battant l'air de ses griffes, il a réussi de justesse à harponner le rideau. Les supports de la tringle étaient très, très mal fixés au mur.

Si bien qu'en s'agrippant au rideau, Brum a arraché les supports du mur, ce qui a eu pour conséquence de le faire tomber en arrière, entraînant à la fois la tringle et le rideau dans sa chute. Il s'est cogné d'abord la tête contre le bord de la table basse, puis a roulé sur le côté, a débranché brutalement la prise de la guirlande électrique, provoquant un court-circuit, non sans s'être au préalable balancé sur le câble comme un gymnaste olympique, avant de se poser sur ses quatre pattes.

Quel panache !

Tandis que les lumières s'éteignaient et qu'un rideau s'abattait sur moi et sur l'arbre, l'impact de Brum à l'autre extrémité du câble que je tenais à la main a achevé de me faire perdre un équilibre déjà très précaire et m'a expédié tête la première dans le sapin de Noël. Je me suis écroulé sur sol, serrant passionnément l'arbre contre ma poitrine et hurlant comme un forcené.

J'ai regardé la pièce dévastée, puis ma

fille, pétrifiée, et j'ai remarqué que Brum l'observait du même œil accusateur que moi ; l'espace d'un instant, nous étions unis par un même sentiment de haine.

Soudain Lorraine a éclaté de rire, et Maya aussi. Brum, les oreilles plaquées en arrière, m'a fixé de son air de lapin effrayé, l'hilarité lui paraissant déplacée au milieu du carnage.

C'était aussi mon sentiment. Mes tentatives maladroites pour me remettre debout et mes protestations ne faisant que décupler l'hilarité de notre public, je me suis surpris à fixer Brum avec la même expression que lui.

Toutefois, si cette chute était parfaite sur le plan de la destruction, elle manquait, en revanche, de hauteur.

Jusqu'ici, il avait réalisé son record en tombant de la fenêtre du salon de mon ancien appartement. C'était une chute bizarre, et je n'ai pas la moindre idée de ce qui a pu la provoquer. Je remplaçais la vitre de ma porte d'entrée environ cinq mètres au-dessous de ladite fenêtre, vaguement conscient que Brum m'observait. À un moment, il était là-haut, et l'instant d'après un long cri s'est fait entendre, de plus en plus proche, comme un missile, et soudain il était à côté de moi.

Il a commencé à courir en décrivant de petits cercles, tête baissée, avant de sauter par-dessus ma voiture et de disparaître dans le jardin à la vitesse de l'éclair. Je ne sais vraiment pas pourquoi. D'après moi, une guêpe l'a piqué à la fenêtre et il a perdu l'équilibre. Ma théorie repose sur son comportement étrange après qu'il a touché terre, mais c'est peut-être l'impact de l'atterrissage qui l'a perturbé. Ou alors il est complètement fou.

Nous ne le saurons jamais, mais en dehors de la distance parcourue dans la chute, celle-ci n'avait rien de remarquable.

Une chute, cependant, éclipse toutes les autres. Pour le panache, elle a remporté un 10, elle s'est produite d'une hauteur de sept mètres – son nouveau record – et l'atterrissage a été le plus dangereusement spectaculaire et drôle que j'aie vu de ma vie. Brum aurait mérité une distinction pour celle-là, pas une facture de carrossier (c'est tout ce que ça nous a rapporté).

Je sais que j'en rajoute un peu, mais là, il s'est vraiment surpassé. Et pour ajouter à la performance, c'est une chute qu'il a faite sans l'intervention de qui que ce soit. Il pouvait mettre celle de Noël au compte de la malchance, mais cette fois, la responsabilité n'était imputable à personne d'autre qu'à lui-même.

J'admets que je n'étais qu'à quelques pas de lui quand c'est arrivé, et il est possible que je l'aie distrait assez pour lui faire perdre l'équilibre, mais enfin, bon sang, c'est un chat, et, sauf à avoir été violemment poussé, rien n'aurait dû pouvoir le faire tomber de ce mur, et de toute façon, même quand vous les poussez – à supposer que vous soyez assez rapide –, les chats sont bien trop vifs et agiles pour tomber.

Lorsque vous poussez un chat (non que je le fasse souvent), il paraît se couler contre votre main comme un corps protéiforme. Il est difficile d'avoir prise sur un chat. Je ne voudrais pas qu'on croie que je passe mon temps à renverser des chats, alors je vais tenter d'expliquer les choses différemment. Essayez de caresser (c'est déjà mieux) un chat qui n'en a pas envie :

vous pourrez à peine lui effleurer le dos, et pourtant vous jureriez qu'il n'a pas bougé. Son corps ondule et esquive votre main, et c'est tout juste si vous arrivez à le toucher. À propos, je ne crois pas que Brum sache faire cela. Ou alors, il n'en éprouve tout simplement pas le besoin. Il aime qu'on le caresse. De ce point de vue-là, il ressemble à un brave toutou. Loin de se dérober à la caresse d'inconnus, Brum enfonce sa tête dans leur main avec force et enthousiasme. Son ardeur peut se révéler assez déroutante pour certains, surtout ajoutée à sa tendance à montrer les dents quand il se comporte ainsi.

L'image qu'il donne alors est celle d'un psychopathe arborant un rictus de maniaque. Beaucoup de gens retirent leur main avec plus de hâte que nécessaire si l'on considère l'absence de menace qu'un bon gros matou fait peser sur leur santé.

Même si vous réussissez à pousser un chat assez fort pour le faire dégringoler d'un mur de sept mètres (et me voilà reparti pour un tour), quelles sont les probabilités qu'il ne réussisse pas à se retenir au mur, à s'agripper à votre manche et à sauter par-dessus votre tête, avant que vous n'ayez le temps de retirer votre bras (maintenant en sang) ?

Il faut admettre que, puisque je ne l'ai pas poussé pour le faire dégringoler du mur, il n'y a pas eu de bras auquel Brum aurait pu s'agripper, mais, comme je l'ai dit d'emblée, aucun chat normal ne serait tombé sans avoir été poussé. Hum, j'ai l'impression que je tourne en rond et que tout ce que je vais y gagner, c'est de lancer une rumeur prétendant que j'ai pour habitude de pousser des chats perchés sur des murs. Alors revenons-en à la chute elle-même.

Nous vivons dans une région vallonnée, et notre maison est construite sur une colline. Par conséquent, notre jardin de derrière se trouve cinq mètres plus haut que la porte de derrière, et notre porte d'entrée surplombe la rue d'environ vingt mètres. La rue descend vers les bois et rejoint abruptement la grand-route. Nous devons donc grimper vingt-deux marches depuis la rue, ce qui nous assure une grande popularité auprès des facteurs et des livreurs. Le fait que le mur délimitant notre jardin à l'arrière de la maison se soit incliné de trente degrés vers celle-ci laisse songeur quant au risque de glissement de terrain. Comme me l'a fait remarquer un maçon local venu inspecter le mur : « Quand on construit sa maison sur le flanc d'une montagne, faut pas s'attendre à autre chose, pas vrai ? »

Mais pour nous, les marches et la possibilité de voir un soir notre jardin nous rejoindre dans le salon ne sont qu'un inconvénient mineur au regard de la superbe vue à travers champs que nous confère notre situation élevée.

En haut de ces marches, un chemin à l'avant de la maison conduit à la porte d'entrée. Ce chemin s'arrête à un muret à côté de la porte, et c'est à cet endroit que la pente est le plus raide : sept mètres jusqu'à l'allée bétonnée de notre voisin.

Il va sans dire que c'est à l'emplacement le plus dangereux que Brum choisit de prendre le soleil. Il peut passer des heures à paresser sur ce mur. Le fait qu'il puisse nous avoir à l'œil par la fenêtre du salon ajoute au charme de l'endroit et semble lui plaire énormément, à en juger par l'expression d'autosatisfaction béate dont il nous gratifie.

En revanche, cela ne nous plaît pas, à nous. Nous ne le connaissons que trop. Le voir allongé à quelques doigts de faire une chute potentiellement mortelle a de quoi vous rendre légèrement nerveux, d'autant plus qu'il est déjà tombé à deux reprises de l'autre extrémité du mur, qui culmine à seulement trois mètres à peine au-dessus d'un parterre d'herbes et de buissons moelleux.

Une de ses chutes les moins spectaculaires par la hauteur mérite d'être mentionnée parce que, là, il a fait coup double. Alors que, depuis le canapé, nous le regardions lézarder au soleil sur le mur, il s'est tout simplement étiré voluptueusement, a roulé sur le dos, les pattes en l'air... et a disparu. C'était un de ces moments où vous vous demandez si vous n'avez pas la berlue. Nous avons attendu quelques instants qu'il réapparaisse, le regard rivé au mur vide.

Nous l'avons revu quelques secondes plus tard. Il a remonté les marches en courant, échevelé mais essayant de se donner l'air désinvolte, et il s'est lancé de nouveau à l'assaut du mur. Et l'a manqué. Il est passé par-dessus comme un cheval de concours saute avec grâce par-dessus un obstacle. Une petite course, un saut, pattes tendues, et le voilà reparti s'étaler trois mètres plus bas dans les buissons.

Imbécile.

En parlant d'imbéciles, ça me rappelle un accident que j'ai eu à l'âge de dix-huit ans, lors d'un « week-end entre copains ». Le but du voyage était de se soûler la gueule, de se comporter comme des idiots et de tirer des femmes. Dans la mesure où les deux premières activités annulaient quasiment toutes nos chances d'exercer la troisième, nous avions eu tout le loisir de boire.

Et, après avoir passé la plus grande partie de la journée à boire, tous les six avions regagné notre campement et décidé que ce serait une bonne idée d'aller prendre un bain de minuit dans la mer. Nous avons couru jusqu'à la plage dans l'obscurité la plus totale, mais un mur nous barrait la route. On ne voyait aucun escalier. En nous penchant, notre regard plongeait dans une obscurité abyssale.

Copain 1 : Tu penses qu'y a quoi, là en bas ?

Copain 2 : La plage, connard !

Copain 3 : Mais elle est où, cette plage ? Hip. Le mur est peut-être sacrément haut.

Moi : Y a qu'un moyen de le savoir. Taïaut !

J'ai sauté par-dessus le mur, et c'était comme si ma chute n'en finissait pas. Je tombais, je tombais, et finalement j'ai atterri au milieu de buissons épineux sur une dune de sable.

Copain 3 : Chrich ?

Moi :...

Copain 4 : Il est mort ?

Copain 2 : Hé ! T'es mort ?

Moi : Non.

Copain 2 : Non ?

Moi : Non. T'inquiète, tout va bien. Ce n'est pas très haut. Allez, venez les mecs.

CRASH CRASH CRASH CRASH CRASH

Dans un brouillard éthylique, j'ai entendu mes amis s'écraser tout autour de moi.

Jusqu'à ce que l'un d'eux atterrisse sur moi, se cassant une dent et m'ouvrant la tête. Pas grave. C'est à peine si nous nous en sommes rendu compte. Anesthésiés, éclopés, dépenaillés et sanguinolents, parfaits appâts pour les requins, nous avons couru nous jeter dans la mer.

Je me demande souvent comment la plupart des hommes de vingt-cinq ans réussissent à atteindre cet âge, franchement, il y a de quoi se poser cette question !

Peu importe, revenons à la grande chute, la chute spectaculaire, celle où Brum a défié la mort. J'ai dit que je l'avais peut-être distrait. Il n'y a pas de peut-être. Je l'avais distrait.

Piétiner un emballage de Tropicana vide à deux mètres de lui en provoquant des ondes de choc dont l'écho se propageait de toit en toit était, je l'admets, de nature à le distraire. Je n'ai simplement pas pensé plus loin. Brique de Tropicana par terre ! Ha ! Bang !

Brum a fait un bond, les poils dressés, a perdu l'équilibre, a titubé et, me lançant un regard horrifié, il est tombé en arrière du point le plus élevé du mur.

À cet instant, j'ai entendu la voiture du voisin se mettre en marche dans l'allée. Oh Seigneur, ai-je pensé, cette fois, ça y est. Il va s'écraser sur le béton, et ensuite la voiture du voisin lui passera sur le corps pour achever le travail. Il ne peut pas en réchapper.

Mon voisin est sorti de l'allée sans s'arrêter. Je me suis dit qu'il avait dû heurter Brum sans s'en rendre compte. C'est alors que je l'ai vu.

Mon voisin prenait la route avec Brum comme passager. Je suis resté bouche bée. C'était une vision absolument incroyable. Ce n'est pas souvent que l'on a l'occasion de voir une Vauxhall Astra avancer avec un chat sur son toit, comme un surfeur sur les vagues de Bondi Beach, les oreilles en arrière, les yeux rivés sur l'horizon, les poils plaqués par le vent.

J'ai pensé crier, mais il était trop tard, la

voiture était hors de portée et sa radio fonctionnait à plein régime. Puis j'ai vu mon voisin freiner brusquement pour se laisser doubler par une autre voiture, catapultant du même coup un chat volant du toit de son auto jusque dans les fourrés de l'autre côté de la route.

Mon voisin s'est rangé. Il avait dû le voir. Il est sorti très lentement, les bras fléchis et légèrement écartés dans un geste d'incompréhension. Pendant quelques instants, il a fixé les buissons, d'où il a vu émerger un Brum extrêmement furieux, qui a retraversé la route à toute vitesse. Il s'est retourné, stupéfait, et il a remarqué que je l'observais depuis le mur.

Nous nous sommes regardés un moment et finalement, il m'a crié :

— D'où est-il sorti, celui-là ? Il a volé par-dessus ma voiture… Je crois que je l'ai heurté… .

— Non, non ! C'est bon, ai-je répondu sur le même ton. Il était sur le toit de votre voiture.

Il a regardé son toit, et a constaté qu'il était cabossé. À l'évidence, le volume de la radio avait été assez fort pour couvrir le bruit produit par un chat de huit kilos atterrissant sur la tôle.

Ça, croyez-moi, c'est ce qui s'appelle « tomber avec panache » au vrai sens du terme. Eût-elle été l'œuvre d'un chorégraphe, aucune chute n'aurait pu être plus comique et mieux orchestrée.

Mais, pendant un tout petit moment, quand la voiture a freiné et qu'il a été propulsé dans les fourrés, il s'est surpassé.

L'espace de quelques instants, il a vraiment volé.

# Les moineaux sont lâchés

*Attendez-vous à avoir des problèmes*
*et vous les mangerez au petit déjeuner.*

Alfred A. Montapert

J'AI souvent parlé de l'incapacité de Brum à se comporter comme un vrai chat. À distance, vous pourriez douter de votre acuité visuelle. Vous jureriez avoir reconnu une silhouette de chat, si ce n'est que les chats se déplacent avec agilité et élégance. Un chat ne tomberait pas comme cela et sûrement il n'irait pas se cogner contre un arbre ? Mais peut-être n'était-ce qu'une illusion d'optique ?

Un chat ne ferait pas ce genre de choses, contrairement à Brum, dont c'est d'ailleurs une habitude.

Les pages malheureuses de sa vie à la ferme désormais tournées, et un avenir rose s'ouvrant à lui, Brum a entrepris de se lancer dans une guerre de longue haleine contre… un moineau. N'importe quel vrai chat aurait réglé son compte au moineau dès le début des hostilités. Si la presse avait fait état des guerres entre chats et moineaux, le *Times* aurait sans doute titré : « *LE MOINEAU SE REND. Après presque cinq secondes de combat féroce opposant pattes et ailes hier, le moineau s'est rendu inconditionnellement. Toutefois, il n'a pas eu de quartier et tout laisse craindre que l'affaire ne se soit soldée par un bain de sang.* »

Ce n'est pas ainsi que les choses se sont passées pour Brum. Non seulement la guerre ne s'est pas terminée en un jour, non seulement il s'est arrangé pour qu'elle dure pendant plus d'un mois, mais, de surcroît, il a trouvé moyen de la perdre. Depuis les premiers échanges jusqu'au dernier jour de combat, un mois plus tard, Brum n'a, à ma connaissance, jamais gagné une seule bataille.

Il est vrai que le moineau a toujours exercé une supériorité aérienne totale, mais au sol, là où ça comptait vraiment, on aurait pu au moins s'attendre à ce que Brum ait l'avantage. Pourtant, à la fin de la guerre, il avait cédé tout son territoire, hormis l'intérieur de la maison, au moineau.

Difficile de dire précisément comment la guerre a commencé, mais ce que l'on sait c'est que Brum a une fâcheuse tendance à grimper aux arbres. On pourrait espérer qu'un animal ayant à son actif un tel record de plaies et de bosses se garderait bien d'un tel danger, mais malheureusement ce n'est pas le cas. À mon avis, lors d'une de ses expéditions d'escalade, il a dû tomber sur le nid de son futur adversaire. Je doute fort qu'il ait commis des dégâts intentionnellement, encore que, en ce qui le concerne, les dégâts soient toujours possibles, sinon inévitables.

Je l'imagine en train de trébucher sur le nid et de le réduire en charpie en essayant de regagner son équilibre sur la branche. Mais ce n'est qu'une supposition. Quelle qu'en soit la raison (sans doute pour protéger ses œufs ou ses petits), ce moineau s'est pris soudain d'une violente aversion à l'encontre de Brum.

La fenêtre de notre cuisine s'ouvre sur un auvent plat, un emplacement ensoleillé où Brum s'installe souvent lorsque Sammy occupe son mur préféré à l'avant de la maison. J'ai appris que Brum avait un problème avec un oiseau le jour où je l'ai vu se hisser par-dessus le bord de cet avant-toit et apparaître dans l'encadrement de la fenêtre. Son visage était un masque de terreur. Il s'est arrêté et a balayé l'air avec sa patte.

Il m'a fallu quelques instants pour me rendre compte qu'un moineau le bombardait en piqué. Les attaques du moineau sont devenues de plus en plus hardies quand il est apparu que les réactions de l'ennemi félin n'étaient pas celles que l'on attendrait normalement de la part d'un prédateur réputé pour sa rapidité. Plutôt celle d'un mouton sous sédatifs. Pour tout dire, le moineau a réussi à s'approcher d'assez près pour donner un ou deux coups de bec sur l'arrière de la tête de Brum avant que celui-ci ne se retourne pour faire face aux attaques.

Se rapprocher du mur pour se protéger était une bonne stratégie. Rester planté là, à regarder fixement le mur alors que les attaques venaient de derrière lui, ne l'était pas.

Les bombardements du moineau se poursuivaient et le système de défense antiaérienne de Brum (consistant surtout en coups de pattes dans l'espace aérien précédemment occupé par le moineau) s'est révélé inefficace. Brum a finalement dû battre en retraite, abandonner le toit et se réfugier dans la maison par la chatière. Il avait cédé à son ennemi un territoire précieux, et il allait perdre encore plus de terrain, et la face, dans les semaines à venir.

Le moineau lui a fait une guerre sans merci pendant tout le mois qui a suivi, jusqu'à un après-midi mémorable de début juin. Un Brum usé par le combat s'est laissé surprendre au-dessus de la clôture séparant notre jardin de celui du voisin. Notre « autre » voisin (celui dont la voiture n'était pas endommagée, mais qui manquait encore de pratique en ce qui concerne Brum), un brave type, passionné de jardinage, qui avait construit un système de bâches en plastique soutenues par des piquets, destiné à protéger ses plantes de parasites de la même espèce que nos deux combattants.

Il travaillait dans son jardin au moment

de cette dernière altercation et n'avait pas prêté attention au drame qui se déroulait au-dessus de sa tête. Ce sont les cris du moineau qui l'ont soudain alerté.

En levant la tête, il a vu Brum tapi sur la clôture, et a pensé que le chat attaquait l'oiseau. Normalement, c'est ce qui vous viendrait à l'esprit, non ?

Quelques secondes plus tard, Brum est tombé du ciel et a atterri à plat sur le côté. Sur le côté. Les chats tombent toujours sur leurs quatre pattes, mais Brum est tombé sur le côté.

Il a atterri avec un bruit sourd, pile au milieu de la serre construite de si fraîche date au prix de tant d'efforts. La brutalité de l'impact, alliée au poids de Brum, a fait plier les piquets, avec pour conséquence d'emprisonner mon chat dans un cocon de plastique. Il s'est débattu sauvagement, comme un fou, détruisant à la fois la bâche et les plantes dans ses tentatives désespérées pour retrouver sa liberté.

Mon voisin est resté figé, observant la scène avec, comme il le décrirait par la suite, une sorte de résignation amère.

C'est alors que le moineau a réitéré son

attaque, au grand étonnement de mon voisin, qui ne connaissait pas Brum depuis assez longtemps pour savoir que ce genre de choses était possible. Puis est venu le coup de grâce. Le moineau s'est posé sur le dos de Brum et lui a picoré l'oreille sans vergogne. La bataille s'est terminée par l'intervention de notre voisin, qui s'est trouvé dans la situation inédite de devoir protéger un chat contre un petit oiseau.

Après ça, Brum n'a pas quitté la maison pendant un certain temps. Nous nous sommes demandé si nous ne devions pas lui acheter un casque métallique en vue de ses prochaines excursions, mais je doute fort qu'il l'aurait porté.

Quelques mois plus tard, nous avons vu Brum allongé au soleil sur son auvent. À un mètre cinquante de lui se tenait le moineau.

La guerre était finie.

# Incompétence

*Quand leur gloire pourra-t-elle se ternir ?*
*Oh, l'attaque sauvage qu'ils firent !*

Lord Alfred Tennyson
*La Charge de la Brigade légère*

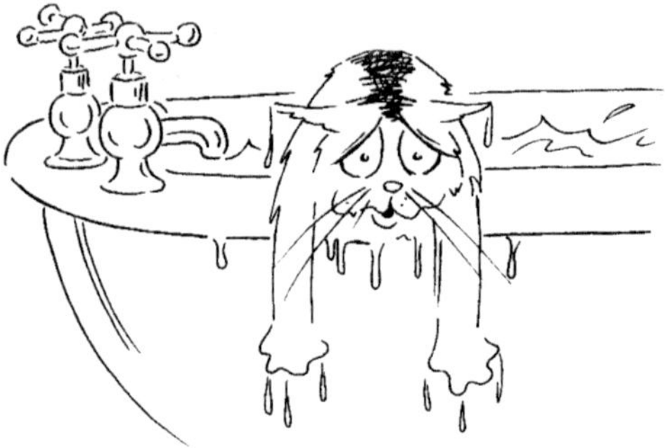

LORRAINE est la reine du sarcasme. Dans nos échanges, elle me laisse souvent sans voix puisque je sais que ma réplique devra être sacrément mordante pour ne pas paraître ridicule après le chef-d'œuvre dont elle vient de me gratifier.

Ce matin, elle m'a encore fait le coup. J'avais réussi en deux temps trois mouvements à transformer une situation où nous avions l'avantage en une défaite cuisante. Je sentais bien que Lorraine était impressionnée.

Alors que je tentais, maladroitement, de justifier mon erreur, elle a posé une main sur mon épaule, m'a fait taire, a souri et m'a dit : « Chéri, je t'aime pour ton incompétence absolue. »

Sur ce, le sujet a été clos. Une vanne cinglante balancée sur le ton du compliment. J'ai pointé un index accusateur, mais je n'ai rien trouvé à ajouter. Une fois de plus, je m'étais fait avoir.

Incompétence absolue.

Oui. Je reconnais que ça résume bien les choses. En un instant, j'avais gaspillé de l'argent et ouvert la voie à des pertes financières ultérieures. Incompétence magistrale, aveugle, absolue. Pas de celle à laquelle mon ami félin pourrait prétendre. Certes, il nous a coûté de l'argent. Il a cassé un certain nombre d'objets de valeur et démoli des voitures, mais il n'a jamais distribué de l'argent à quiconque lui en demandait.

En matière d'incompétence, il n'a pas l'envergure que nous, humains, possédons. Plus l'être vivant est intelligent et évolué, plus le niveau de stupidité et d'incompétence qu'il est capable d'atteindre est élevé. L'incident qui me vient immédiatement à l'esprit quand j'y pense est celui qui s'est produit en Écosse pendant la période précédant des élections générales. Le candidat d'un des principaux partis avait réuni la presse et une petite foule à l'occasion de la présentation de sa campagne d'affichage nationale. L'immense affiche en question était dissimulée derrière des tentures de cérémonie sur un podium de fortune. Après les discours d'usage, on a tiré le cordon. Les rideaux se sont écartés pour laisser apparaître, non pas l'affiche prévue mais... une gigantesque pub pour les supermarchés Tesco, avec des offres promotionnelles et le plan d'accès à la succursale locale. Tandis que l'assistance contemplait l'affiche dans un silence atterré et que crépitaient les flashes des photographes, dont les clichés se révèleraient bien meilleurs qu'ils n'auraient osé l'espérer, le politicien a tenté de prendre les choses à la rigolade. Mais il était sûrement ulcéré.

Le plus surprenant dans cette erreur c'est qu'elle ait pu se produire. Comment des publicitaires grassement payés avaient-ils pu s'arranger pour focaliser tant d'attention sur une affiche différente de celle qu'eux-mêmes avaient conçue ? Ne l'avaient-ils pas vue ? N'était-elle pas assez grande ?

Une équipe de techniciens avait ensuite passé des heures à construire une scène autour d'une affiche de dix mètres pour Tesco et personne n'avait remarqué l'erreur. Comment avaient-ils pu ne pas la voir alors qu'ils avaient pour ainsi dire le nez dessus quand ils ont accroché les rideaux qui la dissimuleraient ?

Je doute fort que l'homme politique ait jamais posé la main sur l'épaule du coupable en lui déclarant qu'il l'aimait pour son incompétence absolue. Encore que…

Maintenant, si Brum avait été humain, je suis convaincu qu'il aurait pu commettre une telle bourde, mais malheureusement, il n'en aura jamais l'occasion. Il y a peu de chances pour que de grands partis politiques fassent appel à lui pour du conseil en communication dans le but de renforcer leur image.

Il existe beaucoup de choses dans le monde des humains qui, si elles étaient accessibles à Brum, élargiraient considérablement son champ d'action pour de possibles catastrophes. La voiture figure certainement sur la liste. S'il peut endommager une voiture sans même être au volant, imaginez ce dont il serait capable s'il en conduisait une. L'idée de voir Brum aux commandes d'une grosse et lourde masse de métal en mouvement est terrifiante.

Et pourtant, nous laissons d'autres incompétents les conduire. Un de mes anciens collègues, qu'il serait un peu injuste de qualifier d'incompétent, devrait se résigner à admettre qu'il n'aurait jamais dû prendre le volant le jour de son embauche dans la société de courses que je gérais.

Il a fini par diriger avec succès une entreprise de transports, mais ses débuts chez nous auraient été à peine plus embarrassants s'il s'était présenté au travail sans pantalon.

S'étant vu confier sa toute première mission, il s'est mis en route pour le court trajet de High Wycombe, dans le Buckinghamshire, à Staines, dans le Middlesex, une trentaine de kilomètres qui n'aurait dû prendre guère plus de trente-cinq minutes. Quatre heures plus tard, après avoir parcouru deux cents kilomètres de routes encombrées par les bouchons, il est arrivé à destination.

Sur un parcours qui n'aurait dû comporter que deux sorties sur l'autoroute M25, il avait réussi à passer vingt et une des trente sorties, à rouler d'abord au-dessus, puis au-dessous de la Tamise et à traverser six comtés.

Tout ceci était imputable à la combinaison de bons conseils (selon lesquels le meilleur itinéraire aurait été d'emprunter la M4 pour rejoindre la M25) et la conviction inébranlable mais parfaitement stupide que la circulation sur la M25 ne pouvait se faire que dans le sens des aiguilles d'une montre. En conséquence de quoi, arrivé sur la M25, il a pris la direction du nord – alors que Staines est à quinze kilomètres au sud –, puis de l'est, puis du sud, puis de l'ouest et enfin de nouveau du nord, couvrant presque la totalité du circuit de l'autoroute.

Je me suis toujours demandé avec une certaine perplexité ce que, dans son esprit, faisaient les voitures qui allaient en sens inverse.

Mis à part les véhicules qui le précédaient, il ne pouvait pas voir autre chose que la circulation à sa droite. Ne lui était-il pas venu à l'idée un seul instant que ces voitures arrivant en direction opposée roulaient *toutes* en sens inverse des aiguilles d'une montre ? Leur présence n'apportait-elle pas une toute petite indication de l'absurdité de sa théorie ? Peut-être pensait-il que c'était un effet de miroirs. Le plus gênant est qu'une telle intelligence ait été mise aux commandes d'un camion de trois tonnes et demie.

L'accès à l'alcool est un autre avantage dont disposent les humains pour élargir le champ de leur incompétence. Brum ne s'est jamais montré intéressé par cette substance, et c'est une très bonne chose. Dans sa jeunesse, je l'ai vu désorienté par les suites d'une anesthésie, alors j'imagine bien ce qu'un Brum ivre pourrait donner.

Après être passé sur le billard le matin, il est revenu de chez le vétérinaire au milieu de l'après-midi. Dans les minutes qui ont suivi son retour à la maison, il a manqué à deux reprises un fauteuil, cogné un lampadaire du premier coup et fait tomber un vase du deuxième. Quand nous l'avons déposé avec soin dans le fauteuil qu'il convoitait, il a roulé à terre, renversant une tasse de thé dans sa chute.

Un peu plus tard, il a sauté dans une baignoire remplie d'eau chaude, à la grande surprise de mon colocataire de l'époque, qui occupait justement celle-ci et qui, dans la bagarre qui s'en est suivie, s'est presque vu atrocement priver de ses chances de paternité. Si cela s'était produit, ç'aurait été une juste revanche sur la race humaine, car c'est précisément pour ce genre d'intervention que Brum avait été anesthésié ce matin-là.

Vous pourriez faire remarquer que sauter dans un bain n'était peut-être pas totalement imputable au brouillard chimique dans lequel il se trouvait. Il s'est souvent jeté dans des baignoires pleines, à cause d'un état dont il souffre et que nous appelons « théorie de la stabilité universelle ». Car, voyez-vous, Brum croit que rien ne change d'une heure sur l'autre, que l'univers est constant. Il était assis dans la baignoire le matin et elle était sèche, donc il ne pouvait pas en être autrement le soir.

La baignoire est une constante, de ce fait son contenu doit l'être aussi. Sa foi en sa théorie semble inébranlable, malgré toutes les preuves (solides et liquides) du contraire. Par conséquent, il n'éprouve pas le besoin de vérifier si la baignoire est vide ou pleine. Sa logique lui dit que la baignoire doit être vide, alors il s'y précipite aveuglément, évitant de très peu la noyade.

Le pataquès lié à l'anesthésie s'est achevé sur l'incident de la salle de bains. Brum en est sorti comme un rat ivre rescapé d'une noyade et s'est écroulé en un tas dégoulinant. Il a failli être piétiné par mon colocataire, arrivé juste derrière lui, hagard, jurant comme un charretier, la jambe et l'estomac griffés jusqu'au sang, et marmonnant des propos confus au sujet de requins.

C'est là que l'on se rend compte que Brum figurerait parmi les espèces dangereuses s'il venait à s'emparer d'une bouteille ou deux. Reste que je n'ai jamais vu quiconque mettre l'alcool au service du burlesque avec autant de talent que l'un de mes amis lors de la Coupe du monde en 1998.

S'il existait un équivalent humain de

Brum, nul doute que ce serait Andrew Bond.

Nous étions tous partis sur la côte pour aller, en début d'après-midi, regarder le match d'ouverture Angleterre-Tunisie dans un immense pub voué au football. Il y avait des drapeaux et des écrans géants partout, et un service d'ordre incroyablement musclé. C'est tout juste si on ne nous avait pas déshabillés pour nous fouiller et, à l'entrée, un videur aussi baraqué que peu aimable nous avait prévenus sans ambiguïté de ce qu'il pourrait nous arriver de fâcheux en cas de propos injurieux, de comportement agressif et surtout d'usage de stupéfiants. La simple mention du mot « stupéfiants » semblait provoquer sa colère, comme s'il avait déjà eu assez de problèmes avec *ça* et qu'il ne pouvait plus supporter d'en entendre parler.

Je ne sais pas ce qui se passait avec Andy ce jour-là, mais il avait suffi de quelques bières pour que son élocution et sa vessie soient sérieusement affectées. Pris d'un besoin pressant, il a voulu se mettre en quête des toilettes, mais aucun signe n'indiquait leur direction et la perspective de se frayer un chemin dans la foule et risquer de ne pas pouvoir retrouver sa place lui paraissait terrifiante. Se penchant par-dessus le petit balcon où se trouvaient nos sièges, il a entrepris d'attirer l'attention du malabar en tapotant le crâne rasé de celui-ci.

Le malabar a sursauté, légèrement surpris, et n'a pas paru le moins du monde amusé. J'ai cru qu'il allait lui envoyer son poing dans la tronche, mais il s'est contenté de fixer Andy d'un air morose et d'attendre la suite.

Andy, fort aimablement, lui a demandé où se trouvaient les gogues dans ce pub. Sauf qu'il n'a pas du tout dit ça. Nous avons tous entendu sa voix pâteuse prononcer de travers le mot fatidique. Il a donc demandé au videur déjà secoué : « Où est-ce que je peux trouver des drogues dans ce pub, mon pote ? »

Le monstre a cligné des yeux, pas très sûr d'avoir bien entendu. Nous aussi. Inconscient du problème, Andy a poursuivi : « Parce que, vu le monde qu'il y a, j'aimerais bien qu'on me dise où sont les drogues… Ça m'éviterait d'avoir à sortir. »

Je n'avais jamais vu auparavant quelqu'un se faire attraper par le cou et jeter par-dessus une rambarde. Il a fallu pas mal de temps avant que le malabar ne se calme, mais il a fini par lâcher Andy et nous avons continué à regarder la partie.

Si incroyable que ça puisse paraître, quelques minutes avant la mi-temps, Andy, qui était maintenant à peine cohérent et dont la main balançait dangereusement un demi de bière blonde, s'est penché et a tapoté de nouveau le portier sur le crâne pour demander encore une fois où se trouvaient les toilettes.

Au moment où le videur a levé la tête, un flot de bière, déversé par un individu qui semblait le traiter de « chiottes », lui a inondé le visage. Malgré nos véhémentes protestations d'innocence, nous nous sommes rapidement retrouvés sur le trottoir, à la recherche d'un autre pub. Le temps que nous en trouvions un qui ne soit pas plein à craquer, l'Angleterre avait gagné 2-0 et une autre partie – Colombie-Roumanie – était en cours. Les deux équipes jouent normalement en jaune, mais pour l'occasion les Roumains portaient d'autres couleurs. L'échange de propos suivant mérite d'être rapporté afin de donner la pleine mesure du degré d'ébriété d'Andy :

Andy : C'chest quoi comme match ?

Le barman : Roumanie-Colombie

Andy : Ah bon ?

Le barman : Ouais, pour l'instant ils sont encore 0 à 0.

Andy (plissant les yeux pour essayer de voir l'écran du téléviseur) : Chavais pas qu'y avait autant de Noirs en Roumanie.

Le barman : Euh… non, non mon vieux. C'est la Colombie, là, en jaune.

Andy : Ah, ouais… ouais, déjolé. Alors y jouent quand, les Roumains ?

Et ainsi de suite. À ce stade, il a eu la sagesse d'arrêter de boire, mais le poison avait commencé à agir et les événements qui ont suivi notre départ du pub feraient désormais de cette journée un sujet de conversation incontournable lors de toute réunion entre amis.

Un énorme groupe de filles arborant maillots et peintures de guerre de l'équipe d'Angleterre se trouvait de l'autre côté de la route au moment où nous sommes sortis du pub. Andy, encore à moitié soûl et enhardi par la bière, les a saluées en leur criant quelques inepties, ce à quoi elles ont répondu avec enthousiasme. Agitant une main en l'air, il s'est dirigé vers elles, sans se rendre compte qu'il était en haut d'une volée de marches en béton.

Il a avancé dans le vide et il est tombé, exécutant un double roulé-boulé du plus bel effet avant de s'écraser lourdement sur le trottoir, à plat dos.

Ses nouvelles amies hurlaient de rire tandis qu'il tentait de se remettre debout en riant et plaisantant de bon cœur, sûr d'avoir encore une chance. Visiblement très mal en point, il a clopiné vers la route.

En descendant du trottoir, dont le bord était très haut, il a poussé un cri de douleur, tandis que sa cheville se dérobait sous lui et qu'il s'écroulait dans le caniveau. Les filles de l'autre côté de la route n'en pouvaient plus de rire. Un petit groupe de badauds s'était formé pour essayer de voir ce qui se passait.

Profondément humilié, Andy s'efforçait

encore de prendre les choses à la rigolade. Il s'est mis debout en chancelant, a marché jusqu'au milieu de la route et s'est retrouvé pile devant un taxi. Le taxi l'a heurté violemment, mais ça ne l'a pas découragé. Virevoltant sur ses pieds, il a tenté de gagner l'autre côté de la route.

On aurait dit une charge héroïque dans un film de guerre, un Steve McQueen mortellement blessé titubant vers le bunker ennemi sans que les balles qui l'atteignaient réussissent à l'arrêter. Je suis persuadé que quelques balles n'auraient pas arrêté Andy non plus. Il serait tombé à genoux dans une mare de sang devant la première fille à sa portée et, dans un dernier souffle, lui aurait demandé si elle fréquentait souvent ce bout de trottoir et si elle voulait bien lui faire découvrir la vie nocturne du coin.

Mais ce n'est pas ainsi que les choses se sont passées. La charge d'Andy, comme on l'appellerait dorénavant, a été stoppée de la façon la plus humiliante qui soit par un chauffeur de taxi furieux hurlant des bordées d'injures, et par une foule de gens qui se pressait autour de lui pour voir s'il avait besoin d'une ambulance. Et dans toute cette agitation, Andy essayait encore de draguer les filles, qui s'éloignaient maintenant à la hâte.

J'ai souvent lu que des charges fatales comme celles de la Brigade légère et de l'armée confédérée à Gettysburg comptaient parmi les scènes les plus bouleversantes et les plus tragiquement belles qu'il ait jamais été donné de voir.

Je sais maintenant que c'est la vérité.

# Le Journal de Brummy Jones

*Le chemin de l'enfer*
*est pavé de bonnes intentions.*

Proverbe

DIARY

Journal d'un chalibataire
**Résolutions de la Nouvelle Année**

*1. À ne pas faire*

Fumer (c'est-à-dire prendre feu).

Vomir plus de deux fois par jour sur des surfaces recouvertes de tissu.

Me déplacer maladroitement dans la maison, mais imaginer plutôt que les autres m'observent (et prennent des notes en vue d'un livre).

M'énerver contre la chatte blanche ou le bébé.

Régurgiter plus que je ne mange.

Permettre à de petites bêtes sans défense de prendre des libertés avec moi.

Tomber lourdement, mais au contraire avec grâce et raffinement.

Mourir.

Me mouiller beaucoup, mais rester sec et élégant.

Me laisser obséder par la chatte blanche, car il est pathétique d'être amoureux d'un être qui me méprise et pourrait me tuer.

*2. À faire*

Ne pas vomir plus de deux fois par jour sur des surfaces recouvertes de tissu.

Arrêter de fumer.

Perdre environ 10 % de mon volume total simplement en distribuant un peu partout dans la maison mon excédent de poils

Attraper un oiseau, sans que ça se retourne contre moi.

Donner tous mes poils mal fixés au bébé, pour sa collection secrète.

Être plus affirmé.

Me coucher dès que je me lève le matin.

Établir une bonne relation avec la chatte blanche et le bébé.

Grimper aux arbres deux fois par

semaine, pas simplement pour *regarder* les moineaux.

Apprendre à utiliser la chatière comme une porte, pas juste comme une fenêtre.

Cesser de considérer les souris comme menaçantes, et reconnaître en elles des proies.

**Un début absolument normal.**

*Mardi 1er* janvier

8 kg 15 g (mais avec pelage hiver), vomi 3 fois (sur 4 chaises), pris feu 0 fois (excellent).

05 h 00 Lever – réveillé maison.

05 h 02 Retourné me coucher.

08 h 00 Levé pour petit déjeuner : pâtée pour chat au canard et lapin en gelée (beurk) et croquettes Félix Senior (pour chats végétariens).

08 h 05 Retourné me coucher.

15 h 45 Levé, sorti et fait quelque chose de tout à fait fou.

Eu un accident grave. Beaucoup de chance, cette fois.

16 h 00 Sieste.

17 h 55 Sauté sur l'auvent du porche pour voir bébé et les deux autres rentrer à la maison en voiture, parce que je commençais à avoir faim.

17 h 56 Mauvaise chute depuis l'auvent. Personne n'a vu (ouf).

17 h 58 Bébé et les deux autres arrivés. Garçon distribuant imprimés *a vu* et raconté ma chute d'une manière alarmiste. Ils lui ont parlé sur un ton apaisant.

18 h 00 Couru dans l'allée pour les accueillir. Le bébé m'a tapé dessus (très fort) avec son maillet en plastique.

18 h 05 Mangé mon dîner. Sheba Gold (excellent).

18 h 10 Parti me coucher.

18 h 25 Sheba Gold pas si bon quand vomi. Évacuation du bébé et traitement de la zone à la bombe de mousse « anti-accident d'animaux domestiques ». Déménagé sur un autre lit.

18 h 30 (Réflexions) Si j'arrive à respecter ma décision d'arrêter de fumer et si mes vomissements ne dépassent pas la fréquence actuelle, il se pourrait bien que la chatte blanche me voie d'un autre œil.

19 h 10 Idem 18 h 25.
19 h 30 Idem 19 h 10.

*Mercredi 2 janvier*

08 h 00 Pris feu

# Batman en socquettes blanches

*Loin, reste donc loin de moi,*
*triste femme que tu es.*

Ovide

QUAND j'étais gamin, mes parents possédaient deux chats.

Penny, au pelage écaille-de-tortue, était une chatte gentille, amicale mais un peu réservée. Elle a traversé la vie sans jamais se montrer très expansive, sans que quiconque lui consacre un livre, vous voyez le genre.

Cindy, sa jeune camarade, était l'incarnation même de la méchanceté la plus pure.

Elle aurait même eu l'air méchant, n'étaient ses pattes. Noire de jais pour l'essentiel, elle avait la partie inférieure de la face, juste au-dessous du nez, blanche. Comme ses quatre pattes. Tout le monde trouvait qu'elle donnait l'impression de porter des socquettes et un masque blancs.

Elle ressemblait à Batman. Batman en socquettes blanches.

Cindy était intrigante, mauvaise, perverse et mortellement dangereuse.

Nous l'aimions beaucoup.

Mon père était persuadé qu'elle le surveillait et qu'elle nourrissait de noirs desseins. Papa n'a peut-être pas inventé la poudre, mais il faut reconnaître qu'il y avait quelque chose de bizarre dans leur relation.

Il prétendait pouvoir sentir le regard de la chatte fixé sur lui où qu'il soit, quoi qu'il fasse. Au début, nous pensions qu'il était juste parano.

Quand nous étions assis à table, en train de dîner, il lui arrivait de dire qu'il la savait là, quelque part, à épier ses moindres mouvements. On ne la voyait nulle part, alors on se moquait de lui. Et puis l'un de nous repérait soudain un petite tête noir et blanc émergeant d'un buisson tout au bout du jardin. Et en effet, elle regardait fixement mon père par les portes du patio. De quoi vous donner des frissons.

Un jour, il se détendait dans son bain, avec la porte de la salle de bains verrouillée. Les yeux fermés, la radio allumée, il chantait et fredonnait. Ouvrant les yeux pour saisir le shampoing… il a failli avoir une crise cardiaque.

Là, assise sur le réservoir des toilettes, Cindy le dévisageait avec un grand sourire. Il aurait juré que la pièce était vide quand il avait fermé les yeux.

Du coup, sa propre théorie, énoncée jusqu'ici comme blague (du moins je l'espère), devait lui paraître totalement crédible.

Un petit travail de limier nous a permis de découvrir comment elle avait exécuté son tour de magie. Dans la chambre à coucher contiguë à la salle de bains, les voilages pendaient par la fenêtre. C'est par là qu'elle avait grimpé sur le toit et longé celui-ci jusqu'au vasistas de la salle de bains, par lequel elle s'était faufilée. Le fait que, par la suite, elle soit entrée de la même manière dans toutes les chambres de la rangée de maisons dans notre rue est venu corroborer cette hypothèse.

Voilà comment elle l'avait fait. Reste à expliquer pourquoi.

Voir mon père dans son bain est

sûrement une expérience que n'importe qui aurait évitée à tout prix. Le coût des séances de psychothérapie nécessaires pour se remettre du choc émotionnel qui s'en serait suivi aurait à lui seul été dissuasif. Mais Cindy avait risqué sa vie pour être là, sur ce réservoir de chasse d'eau, au moment où il ouvrirait les yeux.

J'ai mon idée sur ses motivations. Dans une grande mesure, je partage l'opinion de mon père. Elle avait en effet ses propres raisons de l'observer. Mais je ne crois pas qu'elles étaient liées à un quelconque plan machiavélique.

Je pense qu'elle se comportait d'une manière éminemment féline. Elle savait que ça le rendait nerveux, le dérangeait et lui empoisonnait la vie, donc elle *devait* le faire.

C'est ainsi qu'agissent les chats. En règle générale, ils dorment là où nous ne les voulons pas, sur un drap blanc qui vient d'être changé ou sur notre visage. Ils s'arrangeront toujours pour entrer dans des pièces qui leur sont strictement interdites. Ils cherchent toujours à s'installer sur les genoux de la personne qui n'aime pas les chats. Ils semblent savoir d'instinct ce qu'il ne faut pas faire, et ils le font systématiquement.

Si incongrue qu'ait été sa conduite, Cindy ne faisait donc rien d'autre qu'être chat. Je n'affirmerai pas, cependant, que ce qu'elle m'a fait quand j'avais environ dix-huit ans était naturel ou normal. Il vaut peut-être mieux que je m'explique.

Elle m'a attaqué d'une manière préméditée, froide et calculée, à un moment où j'étais pratiquement incapable de me défendre. Elle m'a laissé pour mort dans une allée, en sang et inconscient.

Dur, non ?

Commençons par le commencement.

Quand j'avais dix ans, Cindy faisait partie de ma vie. J'étais un gamin plutôt normal pour mon âge, c'est-à-dire horrible.

La plupart de mes jeux étaient guerriers. Quand Action Man se faisait capturer, il était pendu, comme mesure de dissuasion à l'intention de ses semblables. Les petits soldats en plastique tombaient sous une grêle d'élastiques, de cailloux et de bombes à eau. Aucune grâce n'était demandée, et aucune accordée. Les joueurs de Subbuteo étaient exécutés froidement par des escadrons armés de mitraillettes, au motif qu'ils avaient perdu un match contre le gamin de la maison voisine.

En résumé, j'étais un méchant garçon, qui aimait la violence et le carnage. Normal. Ce qu'il y avait de bien, c'est que je n'éprouvais aucune animosité à l'égard de mes chats, et que je ne me montrais pas cruel envers les animaux. Ce qu'il y avait de moins bien, c'est que les jeux qu'un garçon de dix ou onze ans considère comme n'étant pas cruels peuvent l'être terriblement.

Et c'est ainsi que Penny a essayé un parachute d'Action Man depuis la fenêtre de la chambre de ma mère, tandis que Cindy était emmenée en vélo à cinq kilomètres de là pour voir si elle était capable de rentrer à la maison plus rapidement que le chat auquel un autre garçon avait infligé la même épreuve.

Dans mon esprit, ces actes n'étaient pas cruels. Les chats sont censés retomber sur leurs pattes, après tout. Et par double mesure de sécurité, Penny portait un parachute. Triple sécurité, elle était orientée en direction de la mare aux poissons. Tout était donc sous contrôle. Le fait que le parachute ne se soit pas ouvert et qu'elle ait percuté l'eau avec une force considérable était… regrettable. Mais elle s'en est bien sortie et elle a fait mieux la seconde fois (elle n'est pas tombée dans la mare).

Dans le cas de Cindy, les chats savent retrouver le chemin de leur maison, non ? Je pensais qu'elle serait rentrée pour le goûter. Mais tout le monde peut se tromper. Difficile de se souvenir d'un itinéraire quand on est enfermé dans un sac de sport du Watford Football Club. Quelques jours plus tard, voyant qu'elle ne revenait toujours pas, j'ai passé au peigne fin l'endroit où je l'avais laissée, sans succès.

J'ai fini par avouer mon méfait à ma mère, qui l'a très bien pris, le mettant sur le compte d'une exubérance juvénile. Quand j'ai pu me rasseoir sur la selle, ma mère, ayant renoncé à demander un ordre de placement, m'a expédié à vélo, avec le sac de sport rempli cette fois de tracts intitulés « CHAT PERDU » et de rouleaux de Scotch.

Quand finalement nous avons reçu un appel téléphonique d'un couple qui avait réussi à l'attraper et à l'enfermer dans leur abri de jardin, Cindy manquait depuis deux semaines. Elle était maigre et sale, avait le regard mauvais et s'était quasiment muée en bête féroce. Maman était tellement soulagée qu'elle m'a pardonné. Ma sœur avait beaucoup trop d'autres comptes à régler avec moi pour passer l'éponge sur celui-là. Mon père, qui de toute façon ne m'en avait pas tenu rigueur, avait pris un air plus détendu, osant de nouveau s'approcher des fenêtres. Penny, elle, était furieuse de son retour, mais pas contre moi.

Quant à Batman elle-même, jamais, au grand jamais, elle ne me le pardonnerait.

Pendant les années qui ont suivi cet épisode, nos relations n'ont jamais été amicales. Un incident avec une des bombes à eau susmentionnées n'a rien fait pour m'aider à regagner ses bonnes grâces. Pas plus qu'un accident presque grave impliquant de la ficelle, deux œufs, une épuisette et un petit engin explosif. Elle s'est mise pour sa part à se montrer vraiment méchante à mon égard, et c'est compréhensible. Il me fallait prendre toutes sortes de précautions, comme de toujours fermer la porte des w.c. Je ne compte plus le nombre de fois où elle s'est précipitée vers les toilettes alors que j'étais « occupé » et m'a sauvagement mordu le pied ou la cheville. Elle repartait alors aussi vite qu'elle était arrivée, me laissant totalement immobilisé et incapable de la poursuivre. À moins d'être disposé à régler la facture de nettoyage de la moquette.

Je me demande si ce n'est pas ce terrorisme de cabinets qui lui a donné l'idée que seule une stratégie de guérilla pourrait lui assurer la victoire. Attendre le moment où je baissais la garde (et le pantalon), attaquer et décamper aussitôt. Si elle réussissait à appliquer cette stratégie sur le terrain, elle avait peut-être une chance…

Arrivé à l'âge de dix-huit ans, j'étais désormais beaucoup plus intéressé par Barbie que par Action Man. Je ne veux pas dire par là que je jouais à la poupée ni que je pendais une Barbie en guise d'avertissement aux autres, c'est juste que je les trouvais plus agréables à regarder, voilà tout.

En dehors des femmes, mon autre grand intérêt dans la vie était la bière, à laquelle je vouais un amour fraternel. La bière vous faisait faire toutes sortes de choses étranges et merveilleuses, vous rendait charmant, drôle et relax, ne serait-ce qu'à vos propres yeux et à ceux de vos compagnons de beuverie.

Tandis que je poursuivais assidûment mes nouvelles amours, Batman, ma malicieuse petite ennemie, observait et attendait. Je ne sais pas si elle avait remarqué mon incapacité à ouvrir le portail ou à éviter de labourer les plates-bandes de fleurs de mon père. J'ignore également si elle s'était rendu compte que mes pitreries nocturnes obéissaient à un schéma particulier et que le samedi, mes chances de traverser bille en tête la haie du voisin étaient cent pour cent plus grandes que tout autre soir de la semaine.

Si elle le savait, ça expliquerait pourquoi elle avait choisi les petites heures d'un dimanche printanier pour essayer de me tuer.

Il ne me reste qu'un souvenir très vague de son attaque. J'avais passé une nuit d'enfer et je remontais en titubant notre allée à près de trois heures et demie du matin. Cette allée était un chemin vicinal qui longeait notre maison, entre un mur de briques d'un côté et l'abri de jardin du voisin de l'autre. Je zigzaguais entre brique et bois, inconscient du fait que Cindy me guettait, tapie sur le toit de l'abri de jardin.

Elle m'a attaqué d'en haut, sans sommations. Une chose qui poussait des cris perçants a atterri sur ma tête et a planté ses griffes dans la chair de mon front et dans mon cuir chevelu. Battant l'air de mes bras, j'ai avancé en titubant et fini par heurter une poubelle en métal que, pour une raison obscure, j'ai décidé d'emporter avec moi sur quelques mètres, avant d'aller m'écraser sur le dallage en béton, dans un grand jet de bouteilles de lait vides. Batman ne m'a lâché qu'à l'instant où je touchai le sol.

Allongé, face contre terre, je me souviens d'avoir vu la chatte traverser à toute vitesse la pelouse devant la maison. Après ça, je ne me rappelle plus rien.

Ma mère avait entendu un tapage effroyable dehors, en pleine nuit, mais les tapages nocturnes étaient devenus chose courante. Quand elle m'a trouvé à huit heures du matin, je gisais entouré de verre brisé et du contenu de la poubelle que je serrais tendrement contre moi. Nous ignorons si les déchets alimentaires dans lesquels ma tête reposait émanaient de la poubelle ou de moi. Mon visage était couvert de traînées de sang et mes genoux et mes mains saignaient. Mon coude droit était tellement contusionné qu'il m'a fallu une semaine avant de pouvoir redresser le bras. Nous ne saurons jamais si Cindy était revenue pour déféquer sur moi ou si ce que j'avais dans le dos provenait d'une litière souillée qui avait été jetée aux ordures.

Juste retour des choses, je dois dire.

# Des idées farfelues

*Chapeau bas, Messieurs, un génie !*

Robert Schumann

J'ai toujours été fasciné par l'idée d'une civilisation de chats domestiques hautement évoluée.

Il a fallu environ soixante millions d'années pour qu'une souche de miacidés des plus sommaires devienne le *felis lybica* sophistiqué, ou chat sauvage africain, dont descendent tous nos chats domestiques. Alors où en seront les chats dans encore soixante ou deux cents millions d'années ?

J'ai écrit un jour une comédie de science-fiction mettant en scène des extraterrestres félins évolués qui atterrissaient dans un village anglais somnolent, en état quasi permanent d'ébriété. Pour ce faire, il m'a fallu considérer les motivations et les ambitions qui régiraient un monde félin.

Pour pimenter les choses, les chats

étaient des bipèdes qui possédaient une grande maîtrise des voyages interstellaires, et étaient venus jusqu'à nous principalement parce qu'ils avaient épuisé leurs stocks de petites créatures sans défense.

Cependant, voici ce qui m'a frappé en écrivant ce livre : une société féline aurait-elle jamais l'énergie nécessaire pour donner naissance à une civilisation technologiquement et industriellement développée, compte tenu de ce que nous savons, à ce stade de nos connaissances, des traits de caractère fondamentaux des chats ?

Probablement pas. Ils ne resteraient pas réveillés assez longtemps. Un chat dort environ vingt heures par jour, ce qui ne lui laisse que quatre heures pour travailler, jouer, manger, etc. Nous dormons environ huit heures sur vingt-quatre, et consacrons seize heures au travail et aux loisirs.

Par conséquent, nous sommes réveillés 5 840 heures par an, contre 1 460 pour le chat. Sur une période de cent ans, nous disposons de 438 000 heures de veille de plus que le chat, autrement dit, en un siècle, l'homme reste réveillé cinquante fois plus longtemps que le chat. Sur un millénaire de progrès potentiel, un chat passerait 833 ans à ronfler. Ce qui ne laisse vraiment pas beaucoup de temps pour accomplir quoi que ce soit, mais peut-être les chats font-ils les choses sur une période plus longue que la nôtre.

Donc, en supposant qu'ils en aient les moyens, cela leur prendrait beaucoup plus longtemps. Qui prendrait la direction des opérations ? Ils ne semblent guère aimer recevoir des ordres, ou être dressés de quelque manière que ce soit. Ils veulent simplement évoluer avec nonchalance en faisant ce que bon leur semble, à leur façon. Établir des règles ne sert à rien. Toute directive visant à interdire un acte quelconque est aussitôt perçue comme une incitation supplémentaire à l'accomplir.

Peut-être pourrait-on user d'une sorte de psychologie inverse, en recommandant aux travailleurs de ne produire la marchandise à temps sous aucun prétexte. Mais, pour tout dire, jamais vous n'obtiendriez d'eux qu'ils passent une journée entière à travailler, si agréables que soient leurs conditions de travail. Un chat occupera un coussin toute la journée, jusqu'à ce qu'il se rende compte que c'est précisément là que vous souhaitez le voir dormir. Dès lors, il s'interdira le coussin. Les chefs pourraient donner l'ordre aux ouvriers de ne pas se présenter au travail, et leur intimer de rester à la maison toute la journée, mais un plan de ce genre ne manquerait pas d'être rapidement déjoué.

Je ne vois vraiment pas les chats formant une société dans laquelle ils auraient à recevoir des ordres, et j'imagine donc qu'ils seraient tous des entrepreneurs. Mais quand bien même, si un client se présentait pour acheter quelque chose au minet-marché du coin, le commerçant le regarderait sans doute d'un œil morne et entreprendrait de se laver le derrière (ce qui, à vrai dire, ne nous changerait guère de l'attitude indifférente des vendeurs dans beaucoup de nos magasins).

Parler d'évolution et de commerce dans la même phrase n'est pas très courant, et cela me rappelle un site Internet que j'ai découvert en cherchant un tableau de l'évolution féline. La liste produite par mon mot clé comprenait un site marchand aux États-Unis proposant le remarquable « Siège de w.c. de l'Évolution féline » pour la modique somme de 112.00 dollars et disponible en rose saumon, bleu ou blanc. Il fallait que je sache immédiatement de quoi il s'agissait.

Contre toute attente, l'objet se révéla être un banal siège de cabinets. Le catalogue confirmait l'appellation et montrait un chat écaille-de-tortue assis sur un w.c. classique, probablement équipé du Siège de l'Évolution féline. En dessous, la légende disait : « Économisez de l'argent et découvrez le plaisir de n'avoir plus à entretenir la litière de votre chat. Le Siège de l'Évolution féline est garanti pour pratiquement tous les chats. »

Et voilà, sans plus d'explications. Un siège de cabinets pour chats ? Garanti pour pratiquement tous les chats ? Quels genres de chats possèdent-ils, là-bas, pour l'amour du ciel ? Ça ressemblait juste à un siège de cabinets normal et j'avais beau scruter l'écran, je ne voyais pas en quoi ce siège était différent au point d'inciter un chat à vouloir s'asseoir au-dessus d'un trou rempli d'eau. Je reste perplexe quant à l'utilité de cet objet, mais je ne peux que supposer que les chats américains ont déjà largement devancé les nôtres en matière d'évolution.

Où en étions nous ? Ah oui… la seule possibilité que j'entrevois pour une révolution industrielle féline est que les chats disposent de quelqu'un pour faire les choses à leur place. Des singes dressés. Comme nous. Pourquoi pas, puisque nous faisons déjà tout pour eux. Alors disons que pendant que les chats poursuivent leur évolution, la race humaine régresse.

Rien n'indique qu'un tel scénario ne soit pas tout à fait possible. Par exemple, les Écossais ont connu récemment une période de « dévolution », et même si ce mot veut dire tout à fait autre chose, il possède une sonorité qui paraît adéquate en l'occurrence, donc nous allons supposer que les Écossais sont graduellement en train de « dévoluer » vers un niveau simiesque primitif.

Si les chats du futur réussissaient à capturer quelques-uns de ces Écossais totalement dévolués et leur apprendre à faire tourner l'industrie, alors une avancée de la civilisation féline deviendrait soudain envisageable.

Capturer tous les Écossais ne devrait poser aucun problème, d'autant que l'une des rares activités qu'apprécient les chats est la chasse. Comme nous, ils chassent pour le plaisir. Quelle terrible paire nous formons, chats et humains, installés confortablement dans nos maisons de brique, tueurs pervers et souriants, dans un monde où tous les autres tuent pour une portion de territoire, pour le pouvoir, poussés par la faim (ou tout simplement dans un accès de mauvaise humeur). Le reste du monde animal méprise probablement nos deux espèces, les tenant pour barbares et incultes, tout comme les Européens du continent considèrent les Anglais.

Une fois que les chats auront dressé leurs prisonniers écossais à construire de grandes cités et à trimer dans leurs usines, ils pourront s'installer de nouveau dans une vie de décadence et d'oisiveté. Ils y excelleraient. La décadence et l'oisiveté sont les activités que les chats pratiquent le mieux. Je les vois d'ici. Ils passeraient leurs journées à rester vautrés sur des piles de coussins en soie, drapés dans des toges, entourés d'accortes jeunes Écossaises qui les nourriraient à la main de souris épicées, tandis que des bouffons canins exécuteraient pour les distraire des numéros de danse stupides en faisant le beau et en aboyant.

La nuit, les chats fréquenteraient des boîtes de nuit élégantes et raffinées, où des pigeons voleraient dans d'immenses cages suspendues au plafond et des souris courraient au-dessus de leur tête dans un réseau complexe de tuyauteries en plastique transparent. Tous ces night-clubs seraient extrêmement chics et sophistiqués, à un détail près : les crachoirs de pub, qui avaient disparu depuis le milieu du XIXe siècle, mis à disposition des clients pour satisfaire leur habitude ancestrale de régurgiter des boules de poils.

L'innovation technologique serait centrée sur le développement de nouvelles armes ingénieuses pour chasser et tuer, à la manière féline. Des balles intelligentes arrêteraient la victime de plein fouet, s'amuseraient avec elle, la molesteraient un peu, puis la traîneraient jusqu'à la maison pour la laisser devant la porte.

La recherche en matière de génétique s'attacherait à créer des oiseaux incapables de voler, des souris à trois pattes, des poissons sautants et des puces qui ne piqueraient pas, avec des peignes à la place des pattes. Dolly, le nom donné au clone de campagnol à la saveur de truite arc-en-ciel, doté de la capacité de s'autorépliquer, deviendrait une appellation courante.

Y aurait-il une industrie de l'espace ?

Évidemment. Les chats sont connus pour leur curiosité, et sachant que celle-ci peut leur être fatale, quelle meilleure façon de les tuer que de les mettre en orbite, propulsés par cinq mille litres de carburant pour moteurs fusées.

Il *faut* absolument qu'ils aillent dans l'espace. Les chats doivent à tout prix savoir ce qu'il y a tout là-bas. Ils ne toléreraient pas de l'ignorer.

Avec l'aide de leur main-d'œuvre écossaise privée de sommeil, ils pourraient conquérir l'espace en un temps record, repoussant plus loin, toujours plus loin, les frontières de l'immense inconnu.

Et qu'en serait-il de la religion ? Les chats en viendraient-ils à vénérer des divinités ? Curieusement, cela me paraît peu probable. Les chats ne vénèrent pas. Ils s'attendent à ce qu'on les vénère. Je les imagine volontiers décrétant que les chats sont des dieux.

S'ils devenaient des dieux, y aurait-il un diable ? Peut-être plongeraient-ils dans les heures sombres de l'histoire de leur race et qu'ils appelleraient leur diable Schrödinger.

Schrödinger voulait prendre l'âme de tous les chats, puis enfermer ceux-ci dans des boîtes.

Dans ces boîtes, les chats suppliciés seraient à la fois vivants et morts, et ne sauraient pas s'ils étaient l'un ou l'autre tant que Schrödinger n'aurait pas ouvert la boîte. Les mamans chattes diraient à leurs chatons que Schrödinger viendra les prendre pour les enfermer dans une boîte s'ils ne sont pas sages : « Tiens-toi tranquille si tu ne veux pas devenir un chat de Schrödinger, d'accord ? »

À propos, si le nom de Schrödinger ne vous est pas familier, sachez que c'est celui d'un savant autrichien qui a obtenu un prix Nobel de physique. Il était l'auteur de la célèbre théorie dite du chat de Schrödinger, qui prétendait expliquer la mécanique quantique en plaçant un chat dans une boîte avec une ampoule de poison et un noyau radioactif. Si le noyau se désintégrait, il briserait l'ampoule et libérerait le poison, tuant ainsi le chat. Tant que celui-ci était dans la boîte, l'observateur ne saurait pas ce qui se jouait à l'intérieur, et de ce fait les deux scénarios s'appliquaient simultanément. Le chat était à la fois vivant et mort, par conséquent les particules subatomiques peuvent exister simultanément dans deux états.

Ce qui, si vous me permettez l'expression, me paraît une belle connerie. De deux choses l'une, le chat est mort, ou il ne l'est pas. Que l'observateur le sache ou non n'a franchement aucune importance. J'ai conscience d'être simpliste et complètement à côté de la plaque, mais que cette expérience ait ou non permis d'accréditer la théorie de la mécanique quantique, elle n'aura sûrement pas suscité chez les chats qui pourraient en avoir entendu parler beaucoup de sympathie pour son auteur.

Y aurait-il des guerres ? Alors que les lions peuvent se battre en bande, c'est un monde de chats domestiques que nous imaginons ici, et ceux-ci ont tendance à faire cavalier seul. Je pense donc que l'éventualité d'une guerre organisée reste faible.

À en juger par leur comportement normal en cas de bagarre, ne serait-ce qu'entamer une guerre leur prendrait beaucoup trop longtemps. La moindre escarmouche entre deux individus mettant une éternité à s'amorcer, j'estime qu'il faudrait compter un millier d'années avant que ne se déclenche un conflit international majeur.

Alors voilà pour l'utopie féline de l'an soixante millions après J.-C.

Et quel serait le rôle des descendants de Brum dans ce meilleur des mondes ?

Les fils de Brum occuperaient-ils leur juste place parmi la nouvelle élite de la planète ? Vivraient-ils dans le luxe et posséderaient-ils des sièges de w.c. de l'Évolution féline ?

Sûrement pas… À ce stade, ils seraient tous devenus écossais.

# Pire qu'un feu d'artifice

*Tandis qu'il s'élevait telle une fusée,*
*il tomba comme un bâton.*

Thomas Paine

BRUM a connu son pire 5 novembre [1] pendant sa première année chez Lorraine, et s'il n'a jamais vécu plus mauvaise expérience, ce n'est pas pour les raisons qui vous viendraient normalement à l'esprit. Cette nuit-là, ses problèmes étaient sans rapport avec la pyrotechnie, les enfants lançant des pétards ou les feux d'artifice. Brum ne s'est pas endormi dans une effigie de Guy ou consumé sur un brasier. Une fusée destinée à exploser à une hauteur de cent mètres au-dessus d'un champ

1. Bonfire Night ou Guy Fawkes Night. Chaque année, le 5 novembre, la nuit retentit de pétards, des feux d'artifice illuminent la nuit et l'on brûle des effigies du pape, d'un certain Guy Fawkes, le félon le plus célèbre de l'histoire de la Grande-Bretagne et, parfois, d'hommes politiques en vue.

ne s'est pas logée dans son collier avant d'éclater en un kaléidoscope flamboyant. Des flammèches n'ont pas mis le feu à sa fourrure, ajoutant un nouvel épisode à la longue série d'incendies dont il a été victime.

Non, la raison pour laquelle Brum a connu une nuit aussi terrible est beaucoup plus insolite.

C'est qu'il l'a passée avec Sammy assise pendant des heures sur sa tête.

Avant de poursuivre le récit de cette histoire dramatique, je dois dire que la référence aux flammèches découle davantage d'un souvenir personnel que d'un scénario inventé. J'avais organisé, il y a des années de ça, un spectacle de pyrotechnie à notre club de cricket local.

Cette nuit-là, à cause soit d'un mauvais calcul, soit de vents forts – je ne me rappelle plus exactement –, pas mal de braises ardentes sont retombées en dehors des limites de la zone de tir et ont atterri sur la foule. Il n'y avait là rien de bien grave, et ça avait plutôt ajouté à l'excitation ambiante.

Ça avait quand même provoqué

quelques problèmes. Par exemple, un ami a reçu de la cendre chaude dans l'œil et cela a nécessité un traitement. Un homme devant moi a vu son manteau prendre feu. J'ai également eu besoin de soins parce que l'homme dont le manteau brûlait m'a flanqué un coup de poing.

Rétrospectivement, j'aurais dû lui dire ce que je faisais quand j'ai vu le feu prendre dans son dos plutôt que de gesticuler en tous sens en lui tapotant le derrière.

Quand il s'est retourné pour me taper dessus, il a vraiment dû croire qu'il se défendait contre un déséquilibré agressant (encore que de manière assez peu efficace) des gens innocents à des spectacles de pyrotechnie. J'imagine qu'à ce jour, il en reste convaincu. Le temps que je me relève, il était parti.

Quoi qu'il en soit, revenons à Sammy et son siège sur la tête de Brum.

Celui-ci avait peut-être trouvé un nouveau foyer, mais la maison continuait d'appartenir à Sammy. Brum savait quelle était sa place et que, pour Sammy, il n'était qu'un invité à peine toléré.

Sammy avait établi un règlement intérieur très strict pour les invités :

1. Ôte-toi de mon chemin ou tu mourras.
2. Touche ma nourriture et tu mourras
3. Ne te couche pas dans mon fauteuil ou sur mon lit ou tu mourras. Je tiens à préciser que tous les fauteuils et tous les lits de la maison sont à moi.
4. Si tu utilises mes cachettes secrètes et mes recoins privés, tu mourras obligatoirement, et peut-être plus d'une fois.
5. Le reste de la maison est également à moi. Tu sauras que je ne suis pas contente de l'endroit où tu t'es installé, parce que tu mourras.
6. Tu mourras peut-être de toute façon.

Pour l'essentiel, ces règles étaient claires, mais Brum avait dû oublier la quatrième la nuit des feux d'artifice.

Curieusement, Brum a toujours manifesté le plus grand respect pour ceux-ci. Alors qu'il semble aller au-devant de tous les dangers de la vie, il a toujours obéi, les nuits de feux d'artifice, à la consigne « tous aux abris ».

Dans mon ancien appartement, il passait toujours ces nuits-là dans la salle de bains. Pas parce qu'il était nerveux et que nous avions acquis le Siège de w.c. de l'Évolution féline, mais parce que la pièce était petite et dépourvue de fenêtres, et qu'il s'y sentait probablement en sécurité.

Mais pour cette première nuit des feux d'artifice dans sa nouvelle maison, il n'avait pas encore pensé à se trouver une cachette au moment où les explosions ont commencé à faire trembler les vitres.

Pendant dix minutes, il a couru comme un fou dans toute la maison, avant de disparaître je ne sais où. La chatière étant verrouillée, lui et Sammy se trouvaient à l'intérieur et il n'aurait pas pu sortir. Nous avons pensé qu'il s'était caché quelque part et nous ne nous en sommes plus préoccupés.

Sammy non plus n'aime pas trop les feux d'artifice. Elle avait son propre bunker, tout comme Brum le sien dans l'ancien appartement. Celui de Sammy se situait derrière la commode de la chambre à coucher. Le petit creux derrière cette commode est juste à sa taille. Pour y accéder, il lui faut sauter sur un coffre en bois, puis se laisser tomber dans l'espace extrêmement exigu derrière les tiroirs.

Pétarades et explosions se sont succédé toute la soirée, et l'on pouvait deviner les yeux écarquillés de Sammy lançant des regards inquiets depuis l'obscurité de sa cachette.

À vingt-trois heures, alors que nous nous apprêtions à nous coucher, j'ai pris conscience que je n'avais pas vu Brum de la soirée. En général, à cette heure-là, sa présence se manifeste par un bruit lointain de porcelaine brisée dans la réserve, ou par le son mat d'un chat qui tombe sur le lino de la cuisine.

Je l'ai appelé (normalement, en entendant son nom, il arrive en courant ou répond au moins par quelques miaulements, car il est très poli).

Sa voix, très reconnaissable, m'a répondu, proche mais comme étouffée. Il semblait angoissé. J'ai appelé de nouveau, et de nouveau j'ai entendu son miaulement. On aurait dit qu'il venait de Sammy.

C'était aussi l'impression de Lorraine. Je l'ai appelé encore une fois et nous avons tous deux observé Sammy. Le miaulement venait directement d'elle, mais elle n'avait pas remué les lèvres. De deux choses l'une : ou bien elle était devenue ventriloque et mime, ou bien Brum était tout près d'elle. Pendant un instant, l'expression d'autosatisfaction de Sammy et les miaulements assourdis de Brum m'ont convaincu qu'elle l'avait mangé.

Lorraine s'est dirigée vers Sammy, l'a soulevée et l'a sortie de sa cachette, ce que je ne me serais pas risqué à faire, de crainte de ne plus jamais pouvoir utiliser un clavier. L'éviction de la lourde masse de Sammy révéla la présence d'un matou en état de choc.

En choisissant cette cachette, il n'avait probablement jamais imaginé toutes les horreurs que cette nuit lui réservait. Je me demande si Sammy s'est rendu compte qu'elle était assise sur lui. Il est possible qu'elle ait simplement trouvé l'endroit un peu plus chaud et douillet que d'habitude.

Quand on y pense, quelle expérience terrible.

Les feux d'artifice l'effrayent beaucoup, et voilà qu'un chat dont il a une peur panique vient s'asseoir sur lui. Il se retrouve non seulement prisonnier dans un petit trou sombre avec des explosions qui résonnent tout autour de lui, mais de surcroît il est tellement terrorisé qu'il reste quatre heures sans oser remuer un muscle de peur que le tueur pervers qui est assis sur sa tête ne détecte sa présence.

Pire encore, Sammy ne se trouvait là, avec son arrière-train sur sa tête à lui, que parce qu'elle-même était terrorisée par les feux d'artifice. De là à l'imaginer en proie à une hystérie meurtrière se terminant par un massacre…

Ce tableau me paraît trop horrible pour que je continue à le brosser.

# Vraiment renversant !

*Nous sommes tous dans le caniveau,*
*mais certains d'entre nous*
*regardent les étoiles.*

Oscar Wilde

Si Brum pouvait me comprendre, je lui recommanderais avant toute chose de penser à investir dans une bonne assurance santé. Je lui expliquerais également que la vieille police d'assurance neuf vies qu'il possède actuellement est sur le point d'arriver à expiration.

Franchement, le premier contact intelligent entre humain et félin pourrait vraiment être plus significatif et mémorable que ça, vous ne croyez pas ?

Par la suite, les savants feraient sans doute le commentaire suivant : Une phrase comme « *Nous venons apporter paix et bonne volonté à tous les vôtres… Minet* » aurait fait meilleur effet d'un point de vue historique que « *Tu t'es occupé de ton assurance, mon pote ?* »

Mais entre lui et moi, c'est une franche discussion sur la santé et la sécurité qu'il faudrait. Rien au monde ne lui serait plus utile. Comme je l'ai peut-être mentionné précédemment, Brum est une créature d'une maladresse catastrophique. Venant d'une espèce connue pour son élégance et son agilité, le manque de coordination de mon chat se remarque d'autant plus. Cependant, pour être honnête, il faut reconnaître que, s'il avait appartenu à une autre espèce, il n'aurait probablement jamais exécuté les acrobaties insensées qui provoquaient tous ses accidents.

Les acrobaties insensées sont l'apanage des chats. Beaucoup d'espèces ne seraient même pas capables de s'y essayer. Moi, par exemple, qui suis un être humain (au sens large du terme). Vous m'imaginez, bondissant de tout le poids de mes quatre-vingt-dix-huit kilos sur des toitures, brisant tuiles et gouttières tandis que je m'élance tête la première vers une clôture ridiculement étroite trois mètres plus bas… les bras tendus pour l'atterrissage, un poignet fracturé partant vers la gauche, l'autre vers la droite au moment où mon visage entre en contact avec le bois dans un craquement sourd… mes jambes suivant le même cours et mes chances de voir s'agrandir ma famille se trouvant douloureusement compromises ?

En roulant sans grâce sur le côté avant de frapper le sol, j'ai tout juste le temps de détruire le mobilier de jardin dans ma chute. Je rebondis deux fois avant de m'immobiliser enfin, en un tas gémissant au milieu du patio.

Heureusement, à la différence de Brum, je me livre rarement à des exercices de ce genre. Malheureusement, Brum les exécute à peu près de la même manière que moi. Je sais que ça paraît impossible, mais il m'a donné à voir beaucoup de choses à priori impossibles, jusqu'à ce qu'il les réalise. Aucune n'était très plaisante.

Par exemple, il semblerait qu'il soit assez rare de voir un chat K.-O. Notre vétérinaire [1] nous l'a confirmé. Inconscient à la

1. Notre vétérinaire a un œil qui cligne. Je serais incapable de dire si cela ne se manifeste qu'en la présence de mon chat. Son comportement à l'égard de Brum me rappelle beaucoup celui de Dreyfus joué par Herbert Lom à l'égard de l'Inspecteur Clouseau dans les films de la Panthère rose

suite d'un accident grave, oui. Assommé par une petite claque dans la figure, non. Et pourtant Brum y parvient assez facilement. La première fois (à ma connaissance, car je suppose qu'il doit faire ce genre de choses hors de ma présence), cela s'est produit dans la cuisine.

L'une des habitudes les moins attachantes de Brum consiste à sauter sur les plans de travail de la cuisine. Ni la négociation pacifique (« *Descends !* ») ni l'intervention militaire (le pousser) n'ont réussi à l'en défaire. Ayant passé sa vie à remonter d'un bond sur le plan de travail tel un Tigrou version chat, il estime sans doute que c'est son métier, et comme je ne veux pas l'empêcher de gagner sa vie, j'ai renoncé en grande partie à me battre contre lui.

Mais quand nous préparons les repas, nous recommençons à jouer à « saute-pousse ». Au cours de cette séance particulière, Brum

– le même tic nerveux, la même expression de mépris dans des yeux écarquillés au regard un peu fou – et j'aurais donc tendance à croire que c'est de nous voir, Brum et moi, qui provoque chez lui une crise de nerfs intempestive.

avait réussi un bon nombre de fois à gagner des surfaces facilement accessibles, pour être aussitôt repoussé à terre. Agacé par cette situation, il a décidé d'attaquer par un angle différent et infiniment plus délicat.

Il s'est choisi un chemin semé d'embûches – couteaux tranchants, assiettes, casseroles et poêles, placards et tiroirs ouverts et, plus particulièrement, un plateau dont le bord dépassait du plan de travail.

Du coin de l'œil je l'ai vu s'élancer. Il a atterri les quatre pattes sur le plateau. Objectif atteint ? Non. Le plateau a été pris d'un mouvement effréné de bascule avant de culbuter par-dessus bord. Dans sa tentative de débarquement, Brum a accompli trois choses : d'abord, il a réussi à se renverser sur la tête le contenu d'une carafe pleine d'eau, ensuite la carafe l'a heurté pile entre les deux oreilles et, enfin, il n'a pas vraiment pu descendre du plateau. Le haut de son corps y est parvenu, alors que son postérieur était déjà en chute libre. D'où un violent coup de Formica sur sa mâchoire.

Tandis que le plateau et différents

ustensiles de cuisine tombaient autour de lui, il a lui-même glissé à terre avec, je dois l'admettre, une grâce et une aisance qu'il n'aurait jamais eues s'il avait été conscient. Pensant qu'il était mort, j'ai haussé les épaules et continué à cuisiner. Non, pas vraiment. Pensant qu'il était mort, je me suis précipité vers lui, manquant de heurter du pied un couteau à pain qui était par terre et d'achever Brum par la même occasion. Le temps que je m'agenouille parmi les décombres, il a battu des paupières et il a ouvert les yeux de plus en plus grand, l'air traumatisé. Il m'a regardé comme s'il ne me reconnaissait pas et m'a mordu.

Quelques semaines plus tard, Brum était assis à contempler une chatière. Installé depuis peu, l'objet était pour lui une source d'émerveillement, mais ne revêtait pas la moindre utilité. Il n'en allait pas de même pour Sammy, sa colocataire, qui aimait tellement sa liberté nouvellement acquise qu'elle se donnait la peine de quitter son lit pour des allers-retours incessants qui faisaient claquer le clapet aux petites heures du matin.

Au demeurant, Sammy est peut-être

jolie fille, mais c'est aussi une bête assez lourde et imposante. Elle se propulse par la chatière avec une force excessive, comme si elle essayait de percer un trou dans la porte avec sa tête. Et, bien entendu, elle a choisi le moment précis, ce samedi après-midi, où Brum passait de la contemplation de la chatière à l'exploration prudente de celle-ci du bout de son museau pour foncer à travers comme un missile guidé.

Comme frappé par un boulet de canon, Brum a été percuté sous le menton par dix-huit livres de chat et de métal avec une force telle qu'il a été soulevé à trente centimètres au-dessus du sol. Reculant sur ses pattes de derrière tel un chien savant qui exécute un numéro de danse, il s'est écroulé par terre, les yeux révulsés. Sammy, outrée par l'apparition soudaine de Brum sur son terrain de chasse, s'est transformée en une furie, toutes griffes et dents dehors, et a lancé une offensive inutile contre un opposant qui était totalement dans le cirage.

Découragée par l'absence de résistance, elle l'a simplement gratifié d'un regard assassin tandis qu'elle repartait se coucher, en évitant les jambes des volontaires qui se sont précipités au secours du blessé. Il a repris connaissance de la même manière que la fois précédente et a recommencé à surveiller la chatière. J'ai résisté à la tentation de l'assommer de nouveau et je suis allé me chercher un pansement adhésif.

Un peu plus tard, il a sorti la tête par la chatière. Beaucoup plus tard, les pattes de devant ont suivi. La partie antérieure de son corps est restée à l'extérieur, son arrière-train dépassant de façon très incongrue dans l'entrée. Beaucoup, beaucoup plus tard, il s'est mis à pleuvoir. Fort.

Avez-vous jamais vu un chat à longs poils trempé de la tête au ventre, et sec du ventre à la queue ? C'est un spectacle que je vous recommande vivement… on dirait une moitié de caniche.

# Le baby-sitter

*Cet homme, c'est toi-même !*

II Samuel, chapitre 12, verset 7

BRUM est un chat naturellement chaleureux et aimant. Le vieil adage selon lequel les chats qui ont la plus mauvaise haleine sont en général les plus affectueux est absolument vrai. Mais il n'est amical qu'envers les êtres humains.

Il n'a pas la moindre sympathie pour la plupart des autres chats. Ce n'est peut-être qu'une question de jalousie. Comme tous les chats, il peut sans danger afficher un certain mépris pour la race humaine, nous considérant comme de vulgaires fournisseurs et nous prenant pour des abrutis. Mais je pense qu'il voit les autres chats de la même manière que, j'imagine, un chimpanzé perçoit un être humain, ou un miacidé, un chat, c'est-à-dire : « Il me ressemble beaucoup, mais il a l'air drôlement plus intelligent. »

L'affection de Brum et sa pitié envers le genre humain a atteint de nouveaux sommets à la naissance de notre fille Maya. On nous avait prévenus à de nombreuses reprises pendant la grossesse de Lorraine que les chats étaient imprévisibles et pouvaient se révéler dangereux pour les bébés. On nous a raconté des histoires horribles de chats dormant sur des bébés la nuit et les étouffant, de méchants coups de griffes qui laissaient des cicatrices et d'attaques motivées par la jalousie. Brum et cette peau de vache de Sammy ont fait l'objet d'une grande méfiance pendant neuf mois.

Ils manifestaient un tout petit peu trop de nonchalance indifférente à notre goût. Mis à part leur air atterré chaque matin en entendant les horribles hoquets en provenance de la salle de bains, ils ne trahissaient pas la moindre émotion. Impassibles. Cachant bien leur jeu. Mais nous savions de quoi ils étaient capables. Nous les avions à l'œil.

Quand Maya est arrivée, ils ont manifesté une fascination teintée d'horreur. Ils passaient de longues heures à la regarder sans oser s'approcher. Cela tenait peut-être simplement aux regards menaçants de ses parents, paranoïaques et totalement dépassés par les événements. Cependant, aucun des deux chats n'a fait preuve de la moindre agressivité, ce qui était très rassurant.

Et puis Maya leur a fait connaître la bonne vie. La maison ne dormait plus. C'était New York et Ibiza à la fois. Il y avait des lumières vives, des cris, des bercements et des chants. Ils ont découvert qu'ils pouvaient trouver de la nourriture à trois heures du matin et regarder la télévision jusqu'aux aurores. Ce petit extraterrestre aux allures étranges avait transformé leur vie et ils l'adoraient pour cela.

Si Maya pleurait, ils étaient là pour elle. Brum montait la garde à la porte de sa chambre, l'air inquiet, pendant que Sammy allait chercher de l'aide. Par conséquent, nous nous réveillions aux cris perçants d'un bébé, comateux et le souffle coupé par un chat qui nous sautait frénétiquement sur le ventre.

J'imagine la scène comme une séquence

d'*Urgences*. L'un des deux « médecins » que nous sommes se précipite vers la chambre de Maya au bout du couloir, tandis que Sammy, l'infirmière inquiète, l'accompagne en l'informant de ce qui s'est passé exactement. Brum nous accueille à la porte et nous tend le dossier de la patiente. Préoccupés et solennels, les deux aides-soignants surveillent la chambre pendant que le médecin s'occupe de la patiente qui hurle. Après quoi les aides-soignants réclament qu'on les nourrisse.

L'attitude des chats envers Maya nous a beaucoup soulagés. Loin de la détester et de se transformer en monstres vengeurs, ils semblaient vraiment l'aimer. L'affection de Brum s'est manifestée de façon plus sensible à mesure que Maya grandissait. Alors que Sammy a retrouvé progressivement son comportement habituel après quelques mois, Brum s'est rapproché davantage de notre fille. Trop près, pour tout dire. Assez près pour que Maya se livre sur lui à des actes indignes et déplaisants que je ne décrirai pas dans le présent chapitre, censé être tendre et gentil. Disons simplement qu'après ce qu'elle lui a fait subir au cours de sa première année, l'affection que lui vouait Brum était d'autant plus étonnante.

Cependant, si nous étions reconnaissants à nos amis félins de nous faciliter un peu la vie, jamais, dans nos rêves les plus fous, nous n'aurions imaginé ce qui devait suivre.

Il se produit dans l'existence des choses très étranges. Brum s'était attaché à Maya à tel point que n'importe quel couple de parents épuisés lui aurait volontiers versé un salaire. Il était devenu son baby-sitter.

Les services sociaux doivent être en route, alors permettez-moi de donner quelques explications. Nous n'avons pas l'habitude de sortir en laissant notre bébé de seize mois entre les pattes d'un chat qui a atteint un niveau d'incompétence inconcevable même pour un félin, *a fortiori* dans le domaine de la puériculture.

Les parents d'un bébé reconnaîtront cette forme très particulière de bonheur domestique. Votre enfant est dans son berceau. Vous avez passé une bonne heure à lui caresser la tête et à fredonner bêtement. Elle s'endort enfin. Vous laissez la porte entrebâillée car le cliquetis du pêne pourrait interrompre son premier sommeil. Vous vous servez une bière, vous allongez les jambes et vous vous installez confortablement pour regarder le film et… OUIIIIIIIIIIIN !

La suite ne vous est peut-être pas aussi familière.

Votre matou ensommeillé lève la tête du tapis près du radiateur, s'étire d'un air résigné et un peu excédé, comme si les pleurs du bébé étaient un problème qui le concernait et dont il devait s'occuper. Il se glisse hors de la pièce sans un seul regard dans votre direction et se dirige vers la chambre de votre bébé.

Votre bébé s'arrête de pleurer. Des gazouillis accueillent la présence du chat à côté du berceau. Le minet reste posté devant les barreaux du lit jusqu'à ce qu'elle se soit rendormie paisiblement. Il revient alors au salon, la tête basse, et retourne se coucher sur le tapis, comme si rien ne s'était passé. Si elle se réveille un peu plus tard, la même scène se reproduit.

Tout ceci est absolument vrai. Nous non plus, nous ne pouvions pas le croire.

La première fois qu'il l'a fait, je l'ai accompagné, naturellement. Je suis resté à la porte et je l'ai observé. De temps en temps, une petite main essayait de lui toucher la tête et il reculait alors pour rester hors d'atteinte. Mais il ne l'a pas quittée tant qu'elle ne s'était pas rendormie.

Vous avez idée de ce que ça peut valoir ? Un service gratuit de chat baby-sitter ?

Cela ne se produit pas toujours, mais assez souvent pour apporter une différence énorme dans nos soirées. Assez souvent, en fait, pour que, quand nous entendons Maya hurler, tous les regards, même celui de Sammy, se tournent automatiquement vers Brum.

Le seul moment où il se refuse à le faire, c'est aux petites heures du matin… mais on y travaille !

# Des soucis de bébé

*J'aime Petit Minet, sa fourrure si douce*
*Si je ne l'importune pas,*
*il ne sera pas méchant*
*Je ne tire pas sa queue,*
*jamais je ne le repousse*
*Ainsi Minet et moi jouons bien gentiment*

*Mère L'Oye*, vers 1870

PARFOIS, je m'émerveille de la patience de Brum.

Les mauvais traitements et le harcèlement moral que lui inflige la petite Maya et qu'il subit sans broncher sont totalement inconcevables. Sans compter qu'il n'a vraiment pas besoin de ça.

Il est à peu près de la même taille qu'elle et ils ne diffèrent pas beaucoup en poids, ce qui, du point de vue de Maya, fait de lui l'équivalent d'un tigre du Bengale. Si Maya comprenait vraiment à quoi elle se mesurait, elle n'approcherait pas de lui à une distance inférieure à la longueur d'un fouet, d'un tabouret et de deux dompteurs de fauves armés mis bout à bout.

Bref, il pourrait la mater sans problème. Mais elle n'en a pas du tout conscience et il est probable que Brum, avec sa bonne nature, ajoutée à son incapacité à raisonner, n'ait même jamais envisagé l'éventualité de s'en prendre à elle.

Et c'est ainsi que le pouvoir est détenu par le bébé, et non par le baby-sitter. Malheureusement, comme beaucoup de despotes dans l'Histoire, un peu de ce pouvoir lui est monté à la tête et elle en abuse sans vergogne.

Nous essayons de protéger Brum de Maya, bien entendu. Mais avec elle, comme avec la plupart des domaines dans sa vie, il se met en situation d'échec, et souvent nous ne pouvons pas faire grand-chose pour l'aider. Il prend les coups et continue de se relever pour en recevoir d'autres. Et d'autres encore.

Son premier véritable contact avec Maya aurait dû le mettre en garde. Des sonnettes d'alarme auraient dû retentir dans l'épais brouillard de son esprit. Mais ce brouillard semble s'emparer de tout, et même le son se perd dans la densité de sa grisaille. Sa première petite tentative de flairer Maya a été accueillie par un coup violent sur le museau. Brum a réagi en reculant, les yeux ronds de surprise. Puis il a recommencé… et il a pris un autre coup. Il nous a fallu l'éloigner. Je pense que si nous ne l'avions pas arrêté dans son élan, il serait entré dans un cycle permanent de reniflements et de gnons.

C'est ainsi qu'a débuté une relation qui n'a pas beaucoup changé au cours des seize derniers mois. Non que Maya n'aime pas Brum. Bien au contraire. La moitié de ce qu'elle lui fait subir procède d'un manque total de coordination. L'autre moitié relève de la tendance naturelle des bébés à trouver très amusant de faire mal à ceux qu'ils aiment, sans le moindre sentiment de culpabilité ou de remords.

Dès le départ, Maya s'est montrée imperméable à l'idée qu'un chat doit être caressé. Nous avons essayé de l'y habituer à grands renforts de oooooh et de aaaah. Elle commençait par lui dispenser quelques caresses, ensuite elle lui assénait des claques sur la tête et des coups de poing dans les reins, ce qui, à l'évidence, lui paraissait une bien meilleure façon de faire.

Une fois, alors que Brum était assis sur

le fameux plan de travail de la cuisine, elle a passé la main plutôt gentiment sur lui. Je la tenais dans mes bras et je surveillais attentivement la scène. Sa main était enfouie dans la fourrure du chat et elle s'essayait à produire des ooooh et des aaaaah. Puis les choses ont dérapé.

Le téléphone a sonné et j'ai commencé à me diriger vers l'entrée. Tandis que je m'éloignais avec Maya, j'ai entendu un grand vacarme derrière nous. Je me suis retourné pour voir Brum sortir en titubant du lave-vaisselle qui se trouvait juste en dessous de l'endroit où il était assis un instant plus tôt. Une assiette était cassée en deux, et Brum avait une grosse giclée de sauce tomate en travers de la face.

Sidéré, je l'ai regardé un moment, puis j'ai été incapable de me retenir. Le temps que je réponde au téléphone, j'étais devenu incohérent à force de rire et des larmes me coulaient sur les joues. C'était un enquêteur pour une société de marketing téléphonique, si je me souviens bien, qui appelait ; il avait vraiment dû penser, en m'entendant vociférer, soit qu'un chien avait répondu, soit qu'il était tombé sur un dingue.

Comme dans beaucoup d'accidents provoqués par Brum c'est la parfaite absurdité de la situation qui avait excité mon sens de l'humour. Comment s'était-il arrangé pour tomber comme une pierre, droit dans le lave-vaisselle ?

Quelques minutes plus tard, quand j'ai raccroché, coupant court à un entretien que l'enquêteur tentait de poursuivre vaillamment, alors qu'il se sentait sans doute menacé, voire manipulé, j'ai enfin compris.

Ma fille serrait dans sa petite main gauche une grosse touffe de poils de chat. Lorsque j'ai saisi ce qui s'était passé, j'avoue honteusement que je me suis remis à rire aux larmes.

Quand j'étais parti répondre au téléphone, Maya avait agrippé la fourrure qu'elle caressait et avait entraîné Brum avec nous. Elle n'a relâché sa prise à aucun moment, même quand notre chat, résigné à se séparer de ses poils, était tombé de tout le poids de son postérieur dans le lave-vaisselle.

Après cet épisode, l'habitude que Maya avait de lui tirer les poils est devenue un peu problématique. Elle a découvert que Brum descendait beaucoup plus rapidement du canapé si elle le tirait par le pelage et les oreilles. Accoutumé à souffrir, Brum ne semblait pas en être trop affecté. Il se contentait de me jeter des regards inquiets tandis que je chapitrais Maya sur la douceur et sur d'autres notions qui lui étaient étrangères.

Toute petite, c'est avec un maillet qu'elle a réalisé une de ses plus spectaculaires attaques à main armée contre Brum. Comme dans beaucoup d'autres circonstances, celle-ci s'est soldée par la chute du chat. L'agression s'est produite à la fin d'une semaine particulièrement difficile dans les relations entre Maya et Brum, et a beaucoup effrayé la maman de Maya. Il n'avait pourtant pas sorti ses griffes, mais lui avait simplement donné un coup de patte au bras après qu'elle eut essayé de lui arracher son collier, manquant de l'étouffer. Comme d'habitude, la soudaineté et la rapidité de l'attaque du bébé m'ont empêché d'intervenir à temps pour l'arrêter. J'ai réprimandé Brum pour « s'en être pris à elle », en quelques mots bien sentis qui m'ont donné mauvaise conscience, considérant tout ce qu'elle lui avait fait subir et convaincu qu'il voulait simplement lui donner un avertissement. Brum s'en est trouvé profondément offensé, à juste titre, et s'est installé dans une pièce du fond, ignorant complètement la petite.

Le jour de l'attaque au maillet, il semblait avoir décidé de pardonner et d'oublier. Il a couru à notre rencontre en entendant la voiture, et est allé ensuite se poster sur la partie la plus basse de notre mur à l'avant de la maison, de façon à nous faire face quand nous serions en haut des marches.

Au début, Maya paraissait enchantée de voir qu'il se montrait raisonnable et qu'il se pliait à sa façon de penser, à savoir que les chats sont très amusants et qu'on peut les bousculer un peu sans qu'ils nous en veuillent. Je la portais dans mes bras, et elle a tendu gentiment sa main gauche, contre laquelle il est venu frotter son nez. La feinte de la main gauche avait pour but de cacher le geste de la droite, qui tenait un petit maillet en plastique, dont elle s'est servi pour asséner un coup violent sur le côté de la tête de Brum. Alors qu'il était encore déséquilibré par le choc et que je tentais de m'emparer du maillet, elle lui a fait le coup du lapin de sa main gauche tendue et s'est jetée en avant pour essayer de lui donner un coup de boutoir avec sa tête.

Sidéré et totalement pris de court, Brum a effectué une action évasive, c'est-à-dire qu'il est tombé du mur. Lorraine, qui montait les marches avec les courses, sans se douter de l'explosion de violence qui venait de se produire, l'a vu plonger dans le vide pour une raison inconnue et s'écraser dans les buissons plus bas. Elle a soupiré et poursuivi son chemin comme si ce genre de choses se produisait tous les jours, ce qui, il faut bien l'admettre, est le cas.

Brum est un être généreux, qui pardonne facilement, et il avait oublié l'incident dès le lendemain, soit parce qu'il comprenait que Maya n'était qu'un bébé et qu'elle ne lui voulait (peut-être) aucun mal, soit, et c'est l'hypothèse la plus plausible, parce qu'il ne s'en souvenait vraiment plus.

Au cours des mois qui ont suivi, Maya s'est efforcée de lui fournir beaucoup d'occasions d'exercer sa mémoire, et il a fait preuve d'une patience remarquable en se laissant systématiquement malmener, frapper et tyranniser. Tout aussi remarquable était le niveau de stupidité qu'il fallait à Brum pour se trouver presque toujours sur le territoire pourtant très limité de Maya et ne presque jamais se sentir menacé quand elle approchait en rampant à 1,5 kilomètre-heure.

Lorsqu'elle a découvert l'usage de ses pieds et a commencé à se tenir debout en prenant appui sur les meubles, elle a constaté que si elle tirait sur la queue blanc et gris qui dépassait effrontément des tables et des armoires, elle obtenait un couinement sonore, souvent suivi en prime d'un bruit de chat heurtant le sol. L'exercice entraînait le même phénomène de dépendance que développent certaines personnes à l'égard des machines à sous.

À mesure que le temps passait, cependant, les coups, les tapes et les bourrades se sont transformés en étreintes, caresses et baisers. Maya s'est mise à aimer son bon gros bêta de tigre mangeur d'hommes.

Elle lui voue aujourd'hui une affection évidente, mais ça ne facilite pas la vie de Brum pour autant. Au lieu de chercher à lui faire voir trente-six chandelles, elle veut maintenant le porter et le chevaucher.

Le porter pose quelques problèmes. Il lui est impossible de soulever Brum par le ventre, mais elle tente quand même, s'accroupissant et le saisissant par la taille, grognant comme un haltérophile à bout de souffle. La scène est ridicule. Il s'arc-boute, le dos rond, tandis qu'elle exerce le maximum d'efforts, mais ses quatre pattes ne décollent pas du sol. Il reste là, l'air bête, à ronronner pendant que Maya essaye tous les angles d'attaque possibles. Elle a découvert qu'elle pouvait parvenir à un résultat si elle lui soulevait les deux pattes arrière en même temps, ce qui le fait avancer en basculant – comme pour une course à la brouette dont les deux coéquipiers, chat et bébé, seraient sur le point de tomber.

Le chevaucher se révèle plus difficile encore et, là, Brum peut enfin prendre sa revanche sur une année de mauvais traitements. Quand Maya le bouscule, l'enfourche et s'agrippe à sa nuque, Brum fait montre d'une agilité que nous ne le soupçonnions pas de posséder. Il se meut comme une anguille graissée et glisse tout simplement de sous elle. Maya, penchée en avant et privée soudain de point d'appui, s'étale face contre terre. De fait, compte tenu de sa mobilité encore incertaine, beaucoup de ses échanges avec Brum la laissent sur le carreau. Il n'est peut-être pas étonnant que ses premiers mots, avec maman, papa, lolo, doudou et nana (sa grand-mère), aient été « méchant chat », accompagnés d'un geste menaçant du doigt.

Trois mots sont venus s'ajouter récemment à son vocabulaire : « descends » et « de là ». Prononcés avec son mot préféré, Chat (elle dit Chat du même ton méprisant que l'on emploierait pour dire « ordure »), ils constituent sa phrase la plus longue à ce jour et ils montrent bien que chasser Brum de ces fichus plans de travail dans la cuisine est devenu, pour nous trois, une activité à plein temps.

Curieusement, elle n'appelle pas Chat la

compagne de Brum, Sammy. Celle-ci a la sagesse de ne jamais se trouver dans la même pièce que Maya et, d'un air supérieur, elle regarde Brum s'empêtrer dans ses problèmes de bébé. Les rares fois où Maya voit passer Sammy, rapide comme un éclair de fourrure blanche, elle la désigne par son nom (ou du moins par un son qui ressemble au mot Sammy). Nous appelons toujours Brum par son nom, plutôt que de dire le chat, et pourtant il est le seul à qui Maya se réfère en ces termes condescendants.

Ceci m'amène à me demander si ma fille considère la rapide, agile et gracieuse Sammy comme appartenant à la même espèce que ce pataud de Brum. Il est très possible qu'elle voie en eux deux types d'animaux totalement différents. Qu'un enfant si jeune fasse immédiatement la différence entre Brum et un chat m'incite à me replonger dans ma théorie des miacidés. J'ai l'intention de trouver une bonne illustration de miacidé et de la placer à côté d'une photo de chat, puis de demander à Maya de me dire lequel des deux est

Sammy, et lequel des deux est Chat. Je suis sûre que Chat ne sera pas un chat.

Malgré les nombreuses chutes de Maya lorsqu'elle est en présence de Brum, c'est encore lui qui s'en sort le plus mal. Tout en entassant joyeusement ses jouets sur un fauteuil, elle a commencé à répéter le mot « chapeau ». Elle l'avait beaucoup utilisé la semaine précédente et connaissait son sens, mais en regardant la pile de jouets, je n'ai rien vu qui corresponde à la définition de « chapeau ». Je lui ai fait remarquer qu'il n'y avait pas de chapeau sur le fauteuil, et elle s'est mise en colère et, le doigt pointé vers un panier posé à l'envers, elle a crié « CHAPEAU, CHAPEAU ».

J'ai ri d'un ton paternaliste et je lui ai dit que ce n'était pas un chapeau, mais un panier. En réponse à quoi elle a tapé sur celui-ci à plusieurs reprises, en hurlant « CHAPEAU, CHAPEAU, CHAPEAU ! ». C'est alors qu'a émergé la tête d'un chat, l'air pas content du tout, coiffée d'un panier.

J'ai présenté mes excuses à Maya. Le panier était en effet un chapeau. Je ne m'étais absolument pas rendu compte qu'elle avait enterré Brum vivant sous une trentaine de jouets. Elle continue de le malmener, mais elle le fait maintenant d'une façon plus pédagogique.

Une autre compétence qu'elle a acquise récemment est le lancer d'objets. Cela n'augure rien de bon pour Brum, qui a non seulement du souci à se faire quand il est à portée de Maya, mais qui doit aussi se garder d'objets volants arrivant de loin sans prévenir. Cela a engendré chez lui une sorte de « mentalité de blitz ». Je ne veux pas dire par là qu'il s'est mis à parler avec un accent cockney impertinent et jovial, ni à écouter Radio Londres sur son poste à galène, mais simplement qu'il observe le ciel comme il ne lui a plus été nécessaire de le faire depuis la fin de la Guerre du Moineau.

Cependant, tout n'est pas négatif.

Une des activités qu'ils aiment faire ensemble en bons camarades consiste à voler la nourriture de Sammy. Maya passe un temps fou à parcourir à pas chancelants le trajet de la cuisine au salon en tenant dans sa main une seule croquette, toujours prélevée dans l'écuelle de Sammy, qu'elle pose devant Brum sur le canapé. Celui-ci mange consciencieusement la croquette, et Maya hoquette de joie avant de repartir en chercher une autre. Lorsque Brum n'est pas dans les parages, elle prend des croquettes – toujours une à la fois – dans la gamelle de Sammy et les dispose avec soin dans celle de Brum.

Est-ce du favoritisme ? Ou bien est-elle en train de l'engraisser en vue de la curée ?

Je ne saurais le dire, mais en tout cas Brum apprécie le service et le remplissage automatique de sa gamelle. Du côté de Maya, la situation de Brum tend donc à s'améliorer, et je pense qu'à mesure que ma fille grandira, elle lui manifestera le respect qui vient avec la compréhension et l'intelligence.

Ou alors elle trouvera juste le moyen de le chevaucher.

# Un chat au bout d'une ficelle

*Préservez-nous de nos amis.*

Proverbe

UN nouveau voisin s'est installé récemment. Compte tenu de l'impact que la présence de Brum a eu sur nos voisins immédiats, il n'est pas très étonnant que les précédents soient partis (probablement pour emménager dans une propriété dotée d'une belle serre vitrée et d'un système d'alerte permettant d'anticiper les raids aériens de chats).

Avec les nouveaux venus est arrivé un chat intéressant. Intéressant simplement en sa qualité de « chat au bout d'une ficelle », comme dirait Len le fermier.

C'est une femelle, qui s'appelle Poppy et qui est un peu bizarre. Elle vit en permanence sur les nerfs et ne sort pas beaucoup (encore un rappel de notre vie à la ferme). Quand elle sort, elle devient complètement désorientée et se perd, et il faut alors partir à sa recherche. Notre nouveau voisin a donc mis au point un moyen de la laisser sortir sans qu'elle s'aventure trop loin.

Il la maintient dans un harnais, relié à une longue ficelle, elle-même reliée à un gros poids en fonte. Cela peut sembler un peu contraignant, mais c'est pour son bien. Elle ne brille pas par son intelligence, la pauvre, et vu sa tendance à divaguer, ajoutée à la proximité de la grande route…

Brum est fasciné par elle. Elle a sans doute un QI plus proche du sien que la plupart des autres chats, mais je ne crois pas que c'en soit la raison. Je ne crois pas non plus qu'il la désire. Seule Sammy semble faire l'objet de toutes ses ardeurs (repoussées). Non, à mon avis, c'est sa ficelle qui le fascine, ce taré.

Mis à part sa propre unique promenade, je ne crois pas qu'il ait jamais vu un chat au bout d'une ficelle. Je suppose qu'il se rend compte qu'elle ne peut pas l'attaquer. Que la ficelle soit au non la raison pour laquelle il la fixe obstinément, je n'en sais rien, mais le fait est qu'il passe un temps fou à l'observer. Perché sur son mur de sept mètres de haut, il la contemple pendant des heures.

Un après-midi, en tondant la pelouse, je le regardais et je me suis pris à penser à tout ce qui se passerait si Brum devait porter un de ces harnais. Les accidents les plus horribles me sont venus à l'esprit aussi clairement que si j'en étais le témoin direct…

(La brume se dissipe)… Brum est assis dehors, devant notre porte d'entrée. À sa gauche se trouvent les marches qui descendent vers la route, à sa droite, le mur de vingt mètres surplombant l'allée du voisin. Mais il ne peut pas descendre complètement l'escalier car il est relié à un poids en fonte par l'intermédiaire d'une ficelle attachée à un harnais. Son principal persécuteur, Maya, le bébé, apparaît en haut des marches en marmonnant et en chancelant, suivie de près par ses parents. Avant que ceux-ci n'aient eu le temps de l'arrêter, elle s'est précipitée vers lui en criant « Chat ! ».

En un éclair, elle a ramassé le poids et l'a jeté par-dessus le mur. Brum et ses humains restent paralysés d'horreur tandis que la ficelle se déroule et suit la trajectoire du poids. Brum est soudain arraché au sol et projeté par-dessus le mur à une vitesse incroyable. Un énorme craquement se fait entendre au moment où le chat et le poids en fonte traversent le toit d'une voiture, achevant ainsi un travail entrepris deux ans plus tôt.

Ou bien :

Il ne peut pas arriver au bas de l'escalier, mais il parvient à atteindre la clôture métallique de l'autre côté de la plus haute marche et se dirige donc vers elle. Il passe en dessous, mais, ne pouvant pas aller plus loin, il revient en arrière en contournant le montant vertical de la clôture. Il aperçoit une ficelle identique à la sienne dans le jardin voisin, à l'endroit même où il y est entré. L'aurait-on pisté ?

Il suit scrupuleusement la ficelle, tournant encore et encore autour du montant vertical de la barrière jusqu'à qu'il se retrouve garrotté à celui-ci, incapable de bouger, et qu'il manque s'étrangler à chacune de ses tentatives de se libérer.

Ses humains rentrent à la maison et il parvient à peine à bouger la tête pour voir celui qui s'appelle Chris monter les marches en courant, le visage caché par les sacs à provisions qu'il porte dans ses bras.

Celui qui s'appelle Chris ne voit pas la ficelle tendue entre le montant de la clôture et le poids en fonte. Brum sent augmenter la traction de la ficelle au moment où celui qui s'appelle Chris se prend les pieds dedans et s'étale par terre, éparpillant ses achats tout autour de lui. Le montant de la clôture est arraché, et la pression autour du cou de Brum se relâche légèrement. Il a juste le temps de voir Chris vociférer contre lui avant que le poids en fonte ne vienne matraquer celui-ci sur l'arrière de la tête, l'expédiant face la première au milieu de ses provisions. Le bébé rit.

Ou encore, ça pourrait être quelque chose de positif :

Il ne peut pas descendre les marches, alors il saute sur le mur. Comme d'habitude, son sens de la précision est catastrophique. Il dépasse le mur d'environ soixante centimètres et tombe en chute libre quand, BOING, il est brusquement arrêté en plein vol, retenu par le poids en fonte. Il est devenu le premier félin autopropulsé sauteur à l'élastique. Ses humains ne rentrant chez eux que deux heures plus tard, il continue à se balancer doucement dans la brise jusqu'à ce qu'un voisin secourable prévienne la SPA de l'horrible traitement que les gens du numéro vingt infligent à leur chat.

# L'ombre d'un chat

*Gardez le visage tourné vers le soleil*
*et vous ne verrez pas les ombres.*

Helen Keller

UN jour, j'ai vu l'ombre d'un grand chat, mais il n'y avait pas de chat.ll C'était d'autant plus troublant que je passais mes vacances à ce moment-là dans le Lake District et que je lisais un livre sur le folklore et les fantômes de la région. Le livre parlait d'un chat noir mythique dont l'apparition constituait un présage de mort. Charmante petite lecture de vacances, aussi gaies que le sont les montagnes sombres et menaçantes du Lake District comme lieu de villégiature.

Ce qui me perturbait vraiment, c'est que je partais en randonnée en montagne le lendemain, et que l'apparition soudaine d'un ancien présage de mort n'avait rien de rassurant. J'ai survécu à la montagne, encore que, pendant un moment, le brouillard là-haut ait rendu l'équipée hasardeuse, mais qu'était-ce donc que cette chose ?

Comme dans le cas de beaucoup de créatures mythiques et de fantômes, elle semble s'être manifestée à la suite d'un abus d'alcool. Ma consommation excessive de bière brune et le fait qu'il était question de cette bête dans le livre que je lisais l'avant-veille pourraient, je l'admets, avoir légèrement faussé mon jugement. On pourrait aussi arguer que mon niveau de crédibilité en qualité de témoin se situe un peu au-dessous de zéro.

Ce qui valide cette histoire, malgré tout, c'est que je me trouvais avec trois autres personnes, dont deux étaient également bourrées et ont vu la même chose que moi. La troisième était sobre et n'a rien vu, mais ce n'est pas (très) important. Ce qui compte, c'est que les premiers n'avaient pas lu le livre et ne savaient rien de la fameuse créature.

C'était l'ombre d'un chat qui se déplaçait sur l'herbe au bord d'un grand champ qui s'étendait à notre gauche. Tout l'éclairage venait des bâtiments à notre droite.

Nous l'avons vue pendant quelques bonnes minutes, et elle dessinait avec précision la silhouette d'un chat. Sauf que ce n'en était pas un. Malgré tous nos efforts, nous n'avons vu aucun chat, uniquement une ombre. Puis plus rien.

Si je raconte tout ceci, c'est que j'ai toujours été amateur de bonnes histoires de fantômes, et je dois reconnaître que je trouve celles d'animaux (ou d'enfants que l'on entend rire) particulièrement effrayantes. Ce sujet est d'autant plus pertinent que le fantôme de Lester, le frère de Brum, serait apparu peu après sa mort à ma nièce Emily. Lester était un chat adorable. Il appartenait à ma sœur Sarah, et c'est à lui que Brum doit son nom.

Sarah a donné à tous ses chats des noms de lieux qu'elle a visités, d'où Paris et Camber. Quand elle a appelé Lester (Leicester) le frère de Brum, j'ai pensé que ce dernier devait aussi porter le nom d'une ville des Midlands, juste pour rigoler. Vous pouvez en conclure que je me moquais de lui en l'appelant Birmingham. C'est sûrement ce qu'il pense. La tradition des noms de lieux dans la famille de Brum se perpétue encore. Sarah a nommé son dernier chat en date Leon, d'après… Leigh-on-Sea.

Sarah était déjà très enceinte d'Emily quand Lester s'est fait renverser par une voiture devant leur maison. Ils l'ont enterré dans son coin préféré du jardin et lui ont fait faire une petite plaque portant l'inscription suivante :

Il repose ici
Parmi les fleurs
Pour lui,
Le soleil brille
À toute heure.
Les jours tristes
N'existent pas
Pour cet incorrigible
Optimiste.

C'était très triste. Il est mort jeune et ma sœur avait peu de photos de lui, en tout cas aucune qu'elle ait exposée.

Emily avait environ deux ans et demi quand Sarah a mentionné Lester au détour d'une conversation. Emily l'a entendue et a dit qu'elle aimait beaucoup Lester. Sarah lui a répondu qu'elle ne l'avait pas connu.

Emily a protesté et a décrit avec une précision stupéfiante son pelage assez inhabituel.

Sarah n'aime pas trop les mystères, qu'elle trouve toujours un peu dérangeants. Il lui fallait élucider celui-là, et elle a donc cherché à obtenir davantage d'informations. Pensant qu'Emily avait dû le voir en photo, Sarah a insisté pour savoir où il se trouvait quand la petite l'avait vu.

La réponse d'Emily lui a donné des frissons : « Il est venu me voir quand j'étais dans ton ventre, maman. »

Sarah regrette d'avoir posé la question, mais je trouve que c'était très gentil de la part de Lester. J'imagine que l'accident avait dû se produire à cet instant, et que le chat était juste entré dire bonjour avant de partir. Et cette explication absurde en vaut une autre.

Quand elle était petite, Emily semblait très réceptive à ce genre de choses. Une ou deux semaines plus tard, elle a encore bouleversé sa maman. Sarah était dans la cuisine quand Emily l'a appelée depuis le salon pour lui dire que « la dame aux cheveux blancs avec un seul œil » était de nouveau avec elle. Sarah a senti son sang se glacer et elle est accourue sans savoir à quoi s'attendre. Emily montrait du doigt un point juste au-dessous du plafond dans un angle de la pièce, en affirmant que la dame était très gentille et lui rendait visite souvent.

Si quelqu'un se trouvait vraiment là-haut, ce ne pouvait être que ma grand-mère, l'arrière-grand-mère d'Emily. Elle avait perdu un œil vers la fin de sa vie et elle est morte quand Emily n'avait que quatre mois.

Lors de la dernière visite de ma sœur à l'hôpital, les médecins avaient refusé qu'Emily entre avec elle dans la chambre, car grand-mère et beaucoup d'autres patients souffraient d'infections pulmonaires. Mémé tenait vraiment à voir son arrière-petite-fille ce jour-là et elle a pleuré quand elle s'est rendu compte que ça lui était interdit. Elle n'a jamais revu Emily. Elle est morte trois jours plus tard.

Mémé était une femme très opiniâtre, pas du genre à permettre qu'un obstacle aussi insignifiant que sa propre mort l'empêche de voir son arrière-petite-fille. Il semblerait qu'elle ait obtenu ce qu'elle voulait, en fin de compte. Comme à son habitude !

Je considère Emily comme un témoin fiable, contrairement à sa mère, Dieu la bénisse. Si d'autres que moi n'avaient pas entendu ces deux histoires de la bouche d'Emily elle-même, j'aurais douté de leur authenticité.

Quand il s'agit de paranormal, Sarah est de ceux qui manifestent la plus grande circonspection, et elle se méfie de sa propre ombre. Pourtant, elle soutient qu'un chat qu'elle a eu autrefois était doué de parole. Elle affirme que, tard dans la nuit, il pleurait son précédent propriétaire et criait son nom. Il demandait également à ce qu'on le laisse aller dehors. Pas simplement en grattant la porte, figurez-vous. Non, il se plantait devant Sarah et lui demandait, dans un anglais parfait, de le faire sortir.

C'est ce qu'elle prétend.

À ce stade, vous devez penser que ma sœur est complètement cinglée. Vous en serez tout à fait convaincu dans un moment.

Examinons ces deux assertions de plus près.

D'abord, pour ce qui est du chat appelant son ancien maître la nuit, Sarah ne savait pas si le nom de celui-ci était bien celui que le chat prononçait. Elle s'est juste dit que ça devait l'être.

Et quel était ce nom ? Malcolm.

Malcolm. Et à l'oreille, ça ressemble à quoi ? Malcolm… ah, oui – Miaou.

Miaou-colm, Miaou-colm.

Il est probable qu'il n'appelait pas le regretté Malcolm ; il miaulait, tout simplement. Le fait qu'il était en partie siamois (le chat, pas Malcolm) expliquerait la prononciation étrange.

Et sa parfaite maîtrise de la langue anglaise ? En quels termes disait-il à Sarah « Laisse-moi sortir » ? Très précisément « Let me out ». Il ne pouvait pas être plus clair. Futé, le chat.

Là encore, quelque chose me paraît ne pas coller. « Let-me-out, let-me-out. »

Let-miaou, let-miaou ? Hmm.

Et après ça, sortait-il toujours ? Non, pas toujours.

Ma sœur est une fille adorable, mais parfois…

Je racontais l'histoire d'Emily et Lester au pub, l'autre soir, et ça a suscité le récit de quelques autres histoires de fantômes d'animaux domestiques qui m'ont bien plu.

La première est apparemment vraie, mais celui qui la racontait ne se souvenait plus où il l'avait entendue ou lue. Le chat d'une jeune femme était mort et avait été incinéré. Celle-ci vivait seule et avait été très malheureuse d'avoir dû se résoudre à faire euthanasier son chat pour des raisons de santé. Une nuit, quelques semaines après sa mort, elle était assise dans son salon et a entendu une plainte venant du dehors. Le cri ressemblait étrangement à celui de son chat, et ça lui a glacé le sang. Elle a remarqué qu'il faisait comme un écho, comme s'il venait d'une pièce lointaine et vide. La nuit suivante, elle a de nouveau entendu le cri et, surmontant sa peur, elle est sortie au jardin, dans le noir, mais n'a pas vu le moindre chat. Curieusement, le son semblait émaner de l'arrière de la maison plutôt que du jardin. Elle est rentrée et a tendu l'oreille. Encore une fois, elle a entendu l'écho de ce cri qui donnait l'impression de résonner dans une pièce vide. Il semblait venir d'en haut. Et soudain, elle s'est souvenue que les cendres du chat se trouvaient dans une boîte en métal dans la chambre située directement au-dessus d'elle.

Je tiens l'histoire suivante de première main. La chatte de la famille d'un de mes copains est morte de vieillesse, il y a très longtemps. C'était une chatte casanière et, dans ses dernières années, elle passait la plus grande partie de son temps à dormir dans la chambre d'amis en haut de l'escalier.

Quelques mois après sa mort, ce copain regardait la télévision quand la chatte est arrivée du jardin et lui a jeté un coup d'œil rapide avant de monter les marches et de disparaître par la porte entrouverte de la chambre d'amis. Il était tellement accoutumé jusque-là à la voir passer dans le salon qu'il ne s'était pas rendu compte tout de suite que c'était un fantôme. Il avait simplement une sensation désagréable d'incohérence, qui s'est transformée en véritable choc quand il a soudain pris conscience que l'animal qui venait de monter l'escalier était mort depuis un certain temps. Il l'a suivi lentement à l'étage, le cœur battant la chamade, et a senti un froid extrême en s'approchant de la chambre d'amis.

S'armant de courage, il a regardé dans la pièce faiblement éclairée. Elle était complètement vide. Il y avait cependant un creux dans l'édredon, à l'endroit exact où la chatte avait l'habitude de dormir.

Il l'a raconté à sa mère. Il se trouve qu'elle avait vu quasiment la même chose quelques jours auparavant, mais avait préféré ne pas en parler pour ne pas perturber qui que ce soit.

La chatte n'est plus réapparue pendant un an. La famille se disait qu'elle avait enfin trouvé le repos, jusqu'au jour où des hôtes de passage ont occupé la chambre d'amis.

Lorsque, le lendemain matin, on leur a demandé comment ils avaient dormi, ils ont répondu qu'ils avaient passé une bonne nuit mais qu'à un moment le chat les avait dérangés en venant s'installer sur le lit à leurs pieds. Ils ne savaient rien des incidents de l'année précédente et pensaient qu'il s'agissait du chat de la maison (mais il n'y en avait pas).

Maintenant, chacun voulait y aller de son histoire, et un gars a parlé de la chienne de son oncle Harry. Elle était morte un jour d'hiver et avait été enterrée au fond du jardin. Tard cette nuit-là, l'oncle Harry s'est redressé dans son lit et est resté figé. Il venait d'entendre un chien aboyer.

Son jardin était profondément encaissé et personne à proximité ne possédait de chien, d'ailleurs l'aboiement lui avait paru très familier. Il a regardé par la fenêtre mais n'a rien pu voir, à l'exception d'une couche de neige fraîche sur la pelouse. Pensant que l'aboiement venait d'ailleurs, il s'est rendormi.

Il s'est réveillé de nouveau vers trois heures du matin. Il a entendu un halètement et senti une haleine chaude sur son visage. Paniqué, il a bondi hors de son lit, mais il n'y avait personne. Nerveux et mal à l'aise, il est descendu se préparer quelque chose à boire. La lampe de la cuisine éclairait le jardin tout blanc d'une lumière blafarde et il a remarqué des empreintes d'animal dans la neige. Il a allumé l'éclairage extérieur et il est parti enquêter.

Les empreintes étaient indiscutablement celles d'un chien. Elles allaient de la tombe, maintenant recouverte de neige, jusqu'à la porte de derrière de la maison. Il n'y avait pas de traces en sens inverse, comme si le chien avait traversé la porte verrouillée.

Le matin, les empreintes de ses propres pas étaient encore visibles, de la maison à la tombe et retour, mais aucune trace de celles d'un chien. Sa femme pense qu'il a fait une crise de somnambulisme mais il maintient qu'il était bien réveillé et qu'il se souvient de tout dans les moindres détails.

J'ai rencontré l'oncle en question à plusieurs reprises, et je le sais honnête et sincère, mais je crois néanmoins que le lien entre l'alcool et la manifestation surnaturelle mériterait d'être sérieusement envisagé.

Pour en revenir au chat mythique du Lake District, nous ne sommes pas en reste non plus dans la région où je vis. Un chat noir à l'allure de panthère, dont les apparitions et disparitions soudaines sont légendaires, hanterait nos collines.

En avril 1983, après que sa présence eut été signalée près d'un village voisin, l'affaire a été prise très au sérieux, à tel point que la police locale a utilisé des hélicoptères, des tireurs d'élite et des patrouilles de recherche pour tenter de le débusquer. Le caractère fantomatique de ses volatilisations soudaines lui a également valu de faire l'objet d'investigations sur les phénomènes paranormaux.

Au fil des ans, ses apparitions se sont faites plus rares, mais à une époque, il y avait certainement *quelque chose* dans le secteur. Des moutons ont été sauvagement attaqués et tués (comme si les moutons n'avaient pas déjà assez de souci à se faire dans notre région) et on a relevé des empreintes de gros félin. Malgré les moulages qui en ont été faits, il n'a jamais été possible d'établir l'espèce à laquelle elles appartenaient.

Curieusement, je n'ai pas entendu parler de nouvelles apparitions de la bête depuis que Peanuts s'est installé dans son voisinage immédiat. Je dois demander à ses propriétaires s'ils ont trouvé une patte particulièrement grande et une longue queue noire dans le bureau avant que nous ne nous connaissions. Cela expliquerait beaucoup de choses, surtout si le fantôme n'avait pas eu le temps de se cacher derrière un fauteuil pivotant.

Évidemment, les chats ont été longtemps associés au surnaturel, à la sorcellerie et aux superstitions. Ils ont réussi au cours des siècles à se forger une réputation sinistre.

Pourtant, j'ai beau observer Brum, je ne lui trouve rien de « sinistre ». Le mot ne s'applique décidément pas à lui. Me paraîtrait-il plus sinistre s'il était un revenant ? Je me le demande…

… Par une nuit sombre. Nous sommes à la maison, assis dans la salle de séjour. Dehors, le vent souffle et notre éclairage automatique vient de s'allumer. Cela se produisait tout le temps quand Brum, Dieu ait son âme, était encore vivant et qu'il bondissait sur le mur – avant de tomber de trois mètres de l'autre côté de celui-ci. Nous entendons un craquement effroyable. Que s'est-il passé ? Nous sortons voir. Rien.

Un peu plus tard, l'éclairage automatique se déclenche de nouveau, et un grand fracas se fait entendre. Il n'y a rien dehors. Nous restons perplexes.

Le lendemain soir, Maya joue toute seule dans un coin. Elle balaie soudain l'air de son nouveau marteau en bois. Nous entendons un bruit mat, pareil à celui d'un objet tombant lourdement sur le sol à côté d'elle. Très étrange. Maya se lève et se met à donner de méchants coups de pied dans un espace vide sur le tapis. Nous entendons un autre son, comme si quelque chose avançait vers la porte en titubant. Dans le couloir, Sammy donne des coups de pattes furieux dans le vide, probablement à une mouche ou à un insecte quelconque. Le claquement de la chatière qui se referme nous parvient. L'éclairage automatique s'allume et un fracas épouvantable retentit.

Non, franchement, je ne crois pas que le fantôme de Brum serait très effrayant.

D'ailleurs je ne pense pas qu'il reviendrait pour nous hanter. Je pense que, d'ici-là, il en aura eu assez, qu'il aura bien besoin de repos. Je ne vois pas davantage Sammy se relever de sa tombe. Elle se lève à peine du lit. Quand cette chatte dort, elle dort vraiment. Je me demande même si elle n'est pas déjà morte.

Alors je doute fort que l'un ou l'autre nous importunerait de l'au-delà, bien que Sammy me paraisse parfois très sinistre dans la vie réelle. Son regard fixe et menaçant me permet de comprendre pourquoi ces créatures inspiraient aux gens tant de terreur autrefois, et à Brum encore aujourd'hui.

Les chats voient-ils des fantômes ? On le dirait vraiment. En fait, tout le comportement de Brum est celui de quelqu'un qui vient de voir un fantôme. Les chats donnent souvent l'impression de percevoir des choses qui nous sont invisibles. Qu'est-ce qui les pousse à regarder soudain fixement dans le vide ? Il nous arrive à tous d'avoir le regard dans le vide de temps à autre, mais pourquoi est-ce que quelqu'un trouverait le vide fascinant au point d'éprouver le besoin soudain de le regarder fixement ?

À moins, bien sûr, que ce ne soit pas du vide.

À mon avis, ce n'est pas parce qu'ils voient des fantômes. Je ne crois pas qu'ils fixent quoi que ce soit, mais qu'ils réagissent brusquement à un son qui les perturbe. S'ils ont le regard fixe, c'est simplement parce qu'ils se concentrent sur un bruit qu'ils ont entendu, mais qui était inaudible pour nous.

Il se pourrait qu'ils perçoivent la présence d'un esprit, mais c'est une autre affaire. On prête souvent aux animaux un sixième sens, peut-être bien à juste titre, mais Brum ne maîtrise même pas les cinq sens habituels. Je ne pense pas qu'il soit capable d'en gérer un de plus.

Il n'y a rien d'autre à retenir de ce chapitre que ce qui suit :

Si vous rentrez chez vous tout seul une nuit en traversant les bois, et que vous voyez l'ombre désincarnée d'un immense chat noir éclairée par la lune qui vous suit pas à pas… il y a de fortes chances pour que vous soyez complètement bourré.

# Le cabinet des célébrités

*La grandeur se reconnaît.*

Shakespeare

NOTRE buanderie est décorée dans le style d'un tout petit pub. Nous avons (mal)adroitement dissimulé sèche-linge et autres machines de manière à les fondre dans l'ambiance de pub campagnard que nous cherchions à créer. On y trouve une pompe à bière manuelle pour tirer de la Sweaty Betty's Old Ale, une bière très brune, forte et sirupeuse, qui n'est plus fabriquée aujourd'hui et qui aurait dû porter une mise en garde du ministère de la Santé (à une époque, notre pub local en limitait la consommation à trois pintes, règle parfaitement inutile car, après en avoir absorbé trois pintes, personne n'aurait été capable d'atteindre le bar pour en demander une quatrième, pas plus que de monter tout seul dans l'ambulance), une enseigne de pub, des billets de banque étrangers tapissant les murs (indispensable), des sous-bocks, la totale, quoi.

C'est un pub minuscule qui ressemble de façon troublante à une buanderie, mais il est plutôt agréable et il satisfait pleinement mes idéaux d'adorateur de bière.

À une extrémité de ce « pub », une galerie de portraits réunit des petites photos encadrées de chats qui, pour une raison ou pour une autre, ont mérité le droit d'y être exposés.

Brum y a sa place, bien sûr ; saisi en plein bâillement, il semble rire bruyamment face à l'objectif. Sammy, sa peau de vache de compagne, y figure aussi, comme il se doit. Mais d'autres sont là sans autre motif que la célébrité locale à laquelle ils ont accédée du simple fait de vivre avec nous.

Parmi les portraits de notre Galerie des Célébrités se trouve une photo découpée dans un magazine d'un chat qui s'est fait un nom dans le secteur des services de messageries. Sauf que ce gars-là devrait plutôt avoir sa place dans une

Galerie de l'Infamie ou un Musée des Horreurs.

Il a connu son heure de gloire à l'époque où, moi-même, je menais une entreprise de transport à la catastrophe. L'histoire avait eu un certain retentissement. C'est ce chat qui avait provoqué la faillite de tout un réseau national de transporteurs.

Le réseau était constitué d'une centaine de franchisés, sous la houlette d'un seul homme, à Manchester, qui jouait le rôle de plaque tournante. Les entreprises associées transmettaient leurs informations à un modem situé dans son grenier. Ces informations étaient ensuite mises à la disposition de tous les franchisés afin qu'ils se chargent des missions relevant de leur zone respective. Cela se passait avant l'ère de l'accès facile à Internet et le système était aussi astucieux que novateur.

L'homme de Manchester gagnait une fortune. Il n'avait pas grand-chose à faire, hormis corriger de petites défaillances du système, défaillances qui restaient généralement minimes et très, très rares. Il était tellement sûr du bon fonctionnement de son système qu'il a pris deux semaines de vacances à l'étranger, en laissant le modem branché et le chat aux bons soins des voisins chargés de le nourrir. Malheureusement, le chat est entré sans difficulté dans le grenier, s'est assis sur un bouton… et a éteint le modem.

Cent transporteurs se sont retrouvés devant des écrans vides.

Personne ne parvenait à atteindre l'homme de Manchester. Il pensait être joignable par téléphone dans sa maison de vacances, mais il ne s'était pas rendu compte que la sonnerie avait été désactivée.

Le système est resté inopérant pendant douze jours, au terme desquels la moitié des franchisés avait fait faillite et l'autre moitié s'était ralliée à d'autres opérateurs.

L'homme de Manchester était ruiné, tout comme une cinquantaine de sociétés prêtes à tout pour obtenir justice.

Ce chat devait être exceptionnel. Cela fait dix ans que l'histoire s'est produite, et je me demande s'il est toujours vivant aujourd'hui. S'il l'était encore il y a neuf ans, on peut se dire qu'il a eu beaucoup de chance. Quelle réaction peut provoquer un chat responsable de vous avoir mis sur la paille et fait traîner devant les tribunaux ?

« Tiens, Titus, croquettes, croquettes, crapule, crétin, CRÈVE ! »

La Galerie des Célébrités ne serait pas au complet sans quelques photos de famille. Penny et Batman y figurent (Batman aurait également mérité une place au Musée des Horreurs, avec une effigie en cire qui la représenterait en train d'agresser sauvagement un ivrogne sans défense dans une allée obscure), de même que Paris et Camber, les parents de Brum. Si vous les regardez en louchant, ces deux images de chats se fondent en une seule, qui ressemble beaucoup au rejeton lui-même. Voilà qui donne encore une petite idée de la bizarrerie de mes comportements : traîner dans de faux pubs et faire des grimaces en louchant devant des photos de chats défunts.

Cat-Cat, une des anciennes chattes de Lorraine, occupera la place qui l'attend aussitôt que ma femme aura trouvé une photo d'elle. Il paraît que Cat-Cat possédait la même nature chaleureuse que

Brum, mais, heureusement pour elle, la ressemblance s'arrêtait là. J'accrocherai aussi la photo de Lester, le frère de Brum, que ma sœur doit me fournir. J'espère simplement que ce n'est pas Lester lui-même qui me l'apportera. Dans une maison, un chat insolite suffit largement, pas besoin que son frère invisible s'y installe aussi.

J'aurais affiché le portrait de mon chat de fiction préféré, tiré du roman fantastique *Le Hollandais-Volant,* de Tom Holt, s'il n'avait pas fallu pour cela que je découpe la couverture du livre. Ce chat-là ne se contentait pas d'être plus redoutable encore que Peanuts, Sammy et deux tigres réunis, il avait plusieurs fois cent ans, dégageait une odeur pestilentielle et était immortel, condamné à naviguer sur les mers pour l'éternité avec le reste de l'équipage du navire éponyme. C'était probablement le chat le plus abject de tous les livres que j'aie lus, mais aussi le plus drôle. Enfin, parmi les autres chats qui mériteraient une place, et non des moindres, dans ce panthéon, il y a un ou deux félins réputés pour avoir battu des records extraordinaires.

Brum fait peut-être preuve d'une incroyable ténacité en s'accrochant ainsi à son existence précaire, mais je doute cependant qu'il vive assez vieux pour battre le record de longévité détenu actuellement par une chatte de gouttière du nom de Ma, qui a vécu jusqu'à l'âge de trente-cinq ans, ou de deux cent quarante-cinq ans, si vous utilisez la vieille table de conversion selon laquelle un an de vie chez le chat correspond à sept ans chez l'homme. Mais même à cet âge canonique, elle n'avait pas l'intention de s'en aller. Finalement, il a fallu l'endormir.

C'était sans doute le seul moyen de l'arrêter.

Pour terminer, une place demeurera vide pour toujours en l'honneur d'un chat appelé banalement Pussycat, qui a mérité de figurer dans le *Livre Guinness des Records* pour avoir surpassé tous ses concurrents dans la rubrique des plongeons spectaculaires, lorsque, en 1965, il a « glissé et fait une chute de quarante mètres depuis le balcon d'un onzième étage, à laquelle il a survécu ».

« Glissé et fait une chute de quarante mètres. » Le panache personnifié. En voilà un qui aurait eu quelques petites choses à apprendre à Brum.

# Passeports pour animaux

*Voyager avec espoir*
*est encore plus exaltant qu'arriver.*

Sir James Jeans

BRUM n'a encore jamais fait de démarches pour obtenir un de ces passeports pour animaux. J'ignore si c'est parce que l'idée de passer ses vacances à l'étranger ne l'a jamais séduit, ou parce que, étant un chat, la notion de passeport, de vacances, de pays étrangers ou même de démarches administratives lui échappe complètement.

Ses vacances, il les a toujours passées en Grande-Bretagne, contraint et forcé. Une fois, il a résidé dans une pension pour chats pendant un long week-end. C'était une pension de luxe, avec chambre spacieuse, salle de litière communicante, repas comprenant entrée, plat de résistance et dessert, et spectacle de cabaret.

Le cabaret consistait en une série de

roues à hamsters installées devant les enclos des chats afin qu'ils aient quelque chose à regarder. Malgré tous les efforts pour rendre les choses agréables, ça se résumait quand même à rester enfermé pendant trois jours dans une cage et à être torturé par de petites bêtes à fourrure désespérément hors d'atteinte.

Quand nous sommes retournés le chercher, il nous a vus arriver par le jardin et s'est mis à nous crier dessus, des injures sans doute. Il était totalement désemparé. Le soigneur nous a dit qu'il avait été malheureux pendant toute la durée du séjour. Nous nous sommes sentis affreusement coupables. Il n'a pas arrêté de se plaindre sur le chemin du retour et, en représailles, il a vomi sur le lit aussitôt rentré à la maison.

La pension pour chats était excellente et la plupart des pensionnaires semblaient très satisfaits, mais elle ne convenait pas à Brum, tout simplement. Nous avons décidé que plus jamais nous ne le soumettrions à ce genre d'épreuve, et depuis il a toujours passé ses (nos) vacances chez mes parents.

Imaginer Brum partir en voyage organisé m'amuse cependant beaucoup. Je me demande quelles destinations lui conviendraient le mieux.

L'une de mes préférées a toujours été la Grèce, mais je crois que ça ne lui plairait pas du tout. L'hébergement, pour commencer. Il n'y en a pas. Même si parfois chats et Grecs cohabitent, ils sont pour la plupart sans abri et doivent chercher leur nourriture dans les poubelles et aux abords des restaurants (les chats, pas les Grecs).

Ils sont en général décharnés et galeux, et là encore c'est aux chats que je fais référence. Je pense que Brum serait condamné à mourir, soit de faim soit assassiné par de redoutables autochtones. Des chats autochtones, bien sûr car loin de moi d'insinuer, noir sur blanc, que les Grecs sont un peuple de fouilleurs de poubelles et d'assassins de chats…

La Grèce est donc rayée de la liste. Pas d'hébergement, peu de chances de trouver de la nourriture.

Et pourquoi pas les États-Unis ? Pays civilisé et tout. Ils aiment les chats, là-bas. Je connais même des gens au Texas qui accueilleraient volontiers Brum pour quelques semaines (un signe de folie). Mais survivrait-il à un séjour de quelques semaines au Texas ?

Les gens seraient gentils avec lui. Il disposerait de nourriture en quantité. Je sais par expérience qu'une « entrée » au Texas suffirait à nourrir une famille de quatre personnes pendant huit jours.

C'est la vie sauvage au Texas qui l'achèverait. Au Texas, tout le monde cherche à vous faire la peau. Les reptiles, les insectes, même les plantes. Ils ont là-bas un insecte originaire du Mexique appelé fourmi de feu et dont les piqûres sont particulièrement redoutables. Mon ami a enfoncé un grand bâton dans un nid de fourmis de feu et l'a lâché aussitôt.

Les fourmis, en très grand nombre, avaient atteint le haut du bâton avant même que celui-ci ne touche le sol.

Extrêmement agressives, elles s'apprêtaient à attaquer. Elles plantent leurs mâchoires dans leurs victimes avant de les piquer à de multiples reprises, et ces piqûres font affreusement mal. Cela m'est arrivé une fois ; l'effet est semblable à celui d'une flamme qui vous lèche la peau pendant un moment interminable. Des piqûres simultanées de plusieurs fourmis de feu sont sûrement à l'origine de la danse de Saint-Guy.

Leurs fourmilières, présentes sur la plupart des pelouses texanes, sont très dangereuses pour les animaux domestiques. L'exemple du bâton laisse deviner l'horreur de ce qui se passerait si un chat ou un chien s'y intéressait de trop près, et je sais que Brum n'attendrait pas trente secondes avant d'aller s'allonger sur l'une d'elles. Mais si le vieil adage « Point de cerveau, point de sens » disait vrai, il n'en bougerait probablement pas de toute la journée. Je le vois bien installé là, à se gratter constamment les oreilles de sa patte arrière, le nez en l'air, se demandant ce qui lui provoque ces petites démangeaisons.

Et si ces redoutables fourmis ne constituaient pas un danger suffisant pour Brum, il aurait le choix entre les serpents à sonnette (leurs bruits de crécelle le séduiraient sûrement), les mocassins des marais (des serpents qui n'essaient même pas de vous prévenir avant d'attaquer et de tuer pour le plaisir), les coyotes, les veuves noires, toutes sortes de plantes malfaisantes, et même les alligators.

J'imagine mal un gaillard qui, au cours de sa vie, ne s'est frotté à rien de plus dangereux que des couleuvres, des mulots et des moineaux, et qui s'est arrangé malgré tout pour prendre des raclées, avoir besoin de présenter son passeport à son retour en Angleterre. Je pense qu'il serait tout simplement rayé de la carte dès son atterrissage à l'aéroport international de Dallas.

Exit la Grèce et les États-Unis, donc.

Et pourquoi pas l'Égypte ? C'est une destination prisée des chats depuis plus de quatre mille ans. Le berceau de la civilisation féline. Quelles belles vacances culturelles pour un chat ! Il pourrait contempler des statues de ses congénères (certaines ont survécu) et visiter le site du temple de Bastet, la déesse à tête de chat.

Mais aujourd'hui l'Égypte est-elle un endroit aussi hospitalier pour les chats qu'en 2500 avant J.-C. ?

À l'heure actuelle, les Égyptiens, tout comme les habitants de Slough, n'idolâtrent plus les chats. La population dans sa grande majorité ignore apparemment qu'elle est censée le faire. Mais les gens se montrent néanmoins très polis envers les chats et donnent en général de la nourriture à ceux qui en font la demande.

Les chats urbains sont particulièrement appréciés. Le profond attachement des gens envers les chats et le besoin qu'ils ont de les protéger sont à l'origine de l'énorme et incontrôlable surpopulation féline qui affecte les villes égyptiennes. J'ai lu un article disant que des chats errent dans la plupart des bâtiments publics et sur la scène des salles de concert et des théâtres, où ils constituent souvent le clou du spectacle. Il paraîtrait qu'ils ont envahi les allées du pouvoir et qu'ils assistent à la plupart des réunions du gouvernement égyptien (se pourrait-il qu'ils soient toujours aux commandes ?). Par la suite, j'ai vu un démenti à ce rapport émanant d'un fonctionnaire de l'État qui a cependant reconnu, après concertation avec un petit collègue poilu aux oreilles pointues, que le nombre considérable de chats sans domicile fixe en Égypte était en effet un peu problématique.

Une ville égyptienne pour tes prochaines vacances, Brum ? Non, l'endroit est beaucoup trop fréquenté.

Cependant, dans la campagne égyptienne, les comportements envers les chats sont très différents. Si les citadins caressent volontiers les chats, les paysans continuent de les traiter avec une certaine déférence. Beaucoup d'entre eux considèrent qu'il ne faut pas toucher un chat. Personnellement, je suis de l'avis qu'on peut les toucher. Les cobras, non, mais les chats, oui. Il n'en demeure pas moins à leur égard un fond de superstition qui leur vaut d'être sacrés, à défaut d'être idolâtrés.

Ce genre de comportement ne plairait pas du tout à Brum. Il le prendrait pour un affront personnel. En revanche, ce pays conviendrait bien à Sammy, qui se verrait confortée dans sa conviction d'être une semi-divinité.

Et l'Australie ? Les chats y ont débarqué avec la Première Flotte en 1788, encore que certains pensent qu'ils auraient été devancés par les chats rescapés des naufrages des navires hollandais et, qui sait ? peut-être y avait-il parmi eux un individu particulièrement puant, méchant et immortel. Il est possible que certains soient même arrivés encore avant, avec des pêcheurs indonésiens.

Il n'y a pas si longtemps, les Australiens étaient en demande de chats. À la fin du XIXe siècle, ils les ont importés en nombre considérable et les ont lâchés dans l'arrière-pays. À quelle fin ? Pour venir à bout des lapins qu'ils avaient importés précédemment et dont la population avait atteint des proportions astronomiques, au point qu'ils avaient commencé à dévorer le pays tout entier. L'attaque des lapins mangeurs de continent !

Les chats (et les renards importés) en ont tué beaucoup, mais pas suffisamment. Les Australiens ont fait appel à différents virus et le dernier en date, le virus de Calici, s'est révélé efficace. Malheureusement, s'il diminue dans des proportions énormes le nombre de lapins, il réduit également celui des proies qui servent de nourriture aux cinq millions de chats sauvages qui peuplent le pays. Ceux-ci finiront un jour ou l'autre par s'en prendre à d'autres espèces animales australiennes. La diminution du nombre des lapins était censée exercer un effet régulateur sur les populations de chats et de renards, et c'est probablement le cas, mais ces deux espèces vont s'entretuer et en amener également d'autres à disparaître.

Un champ de bataille félin, en quelque sorte. Tu n'aurais pas envie d'aller en vacances dans la seule zone de la planète où les chats sont en guerre, tout de même ? D'accord, c'est exactement le genre d'endroit où l'on s'attendrait à trouver Brum, mais je ne crois pas que l'Australie profonde le tenterait outre mesure. Pourtant, il est naturellement équipé pour survivre là-bas. La nourriture qu'absorbent les chats suffisant à les hydrater, ils peuvent s'abstenir de boire de l'eau et donc survivre dans un environnement aussi aride et inhospitalier.

Mais pourquoi diable voudrait-il y aller ? Il n'attraperait pas la moindre proie. S'il avait été l'un des chats à arriver là-bas, sur un terrain de chasse débordant de lapins, il aurait passé son temps à bondir en tous sens sans en prendre un seul.

Et puis, le connaissant, il se ferait piétiner par le premier kangourou qui passerait par là.

En dépit de la menace que les chats constituent pour leur écosystème, les citadins australiens les aiment à la folie. Un foyer sur trois possède un chat. Sydney ou Melbourne conviendraient, mais la faune locale est dix fois plus dangereuse qu'au Texas.

Tout sur le continent australien et autour de celui-ci semble avoir été conçu pour tuer. L'Australie abrite les dix serpents les plus venimeux du monde, les araignées aux piqûres les plus mortelles, des méduses qui tuent leurs victimes dans la seconde, des pieuvres toxiques, des tonnes d'insectes létaux, des poissons tueurs, des plantes et des crustacés vénéneux, des crocodiles mangeurs d'hommes, des oiseaux redoutables et l'un des climats les plus torrides et inhospitaliers de la planète. Prenez un environnement où absolument tout essaie de vous tuer et mettez-y un chat déterminé à en finir avec lui-même (quoique accidentellement) et vous aurez une recette de destruction instantanée.

Laissons tomber l'Australie.

Oh, et au cas où un membre de la Commission australienne pour l'environnement lirait ceci, voici quelques conseils parfaitement inutiles :

1. Ne lâchez pas de lapins dans vos campagnes.
2. Ne tentez pas de rectifier votre première erreur en lâchant d'autres erreurs dans vos campagnes.
3. Ne vous cachez pas derrière de vraies excuses du genre « c'est un abruti de propriétaire terrien anglais qui a commencé, pas nous ».
4. Ne me dites pas que mes conseils ont plus de cent ans de retard.
5. Si jamais vous étiez confrontés de nouveau à des problèmes de lapins, il suffit de demander. Nous vous enverrons Peanuts. Il résoudrait le problème en quelques semaines, et de surcroît il ne se reproduit plus trop et vous pourriez vous lancer dans un commerce de pattes de lapin porte-

bonheur d'une ampleur inégalable. Quand vous voudrez en terminer avec ses services, il vous suffira de joncher le pays de chaises de bureau pivotantes, et vous n'entendrez plus parler de lui.

Franchement, ces coloniaux... Voyez ce qui arrive quand vous les laissez se débrouiller tout seuls.

OK, les Grecs n'aiment pas mon chat, l'Australie et les États-Unis sont trop dangereux et les Égyptiens ont déjà assez de problèmes de chats sans que je leur inflige Brum. Bon, prenons d'autres catalogues, il reste encore un tas de pays possibles.

Le Mexique ? Non, la danse des fourmis de feu latino-américaines est encore plus ridicule que celle de Saint-Guy.

La Russie ? Tiens, là j'entrevois une possibilité.

En Russie, avoir un chat chez soi est un gage de prospérité (ils ne connaissent pas Brum). Les chats sont très appréciés comme animaux de compagnie, et il existe à Moscou un Musée du Chat où sont exposés en permanence des tableaux représentant des chats, à défaut d'avoir été peints par eux.

Ils ont de nombreux clubs d'amateurs de chats, dont plusieurs ont célébré récemment l'homologation du « Sibérien » par la Fédération internationale féline (FIFé), dont je n'ai jamais entendu parler mais dont je suppose qu'elle contrôle le football félin dans le monde entier. Les matches de tigrés contre les chats blancs, par exemple.

Le Sibérien est une espèce de chat tigré qui ressemble étonnamment à Brum. J'ai lu qu'il avait un « caractère doux ». Est-il possible qu'ils entendent par là qu'il est simple d'esprit et déphasé ? J'ai décidé d'en apprendre un peu plus sur cette race. S'ils veulent vraiment dire simple d'esprit et déphasé, c'est peut-être que Brum est un Sibérien, plutôt qu'un chaînon manquant de la préhistoire, après tout.

Y aurait-il des milliers de ses semblables en Russie asiatique, errant dans la toundra, se cognant aux arbres abattus par le vent et tombant dans les fosses laissées par les excavations de mammouths ?

Les premiers renseignements que j'ai trouvés étaient encourageants :

*1. Pelage épais, collier touffu :* Exact

*2. Se comporte comme un chien :* L'auteur n'a pas précisé ce qu'il entendait par là, mais si ça signifie que l'animal ne possède pas l'équilibre ni l'agilité du chat, alors c'est exact.

*3. Fourrure huileuse :* Je ne sais pas. Je ne dirais pas qu'il a le poil gras, mais pas exactement beau et propre non plus.

*4. N'aime pas la compagnie d'autres chats :* C'est vrai.

*5. Fidèle et affectueux :* Ah, ça, oui !

J'ai recherché sur un autre site, et les résultats n'étaient pas aussi positifs, mais ils clarifiaient certains points restés vagues dans le premier document.

*1. Pelage épais, collier touffu :* Oui, oui,on connaît déjà

*2. Grand et fort :* Absolument pas !

*3. Fourrure huileuse, résistant à l'eau :* Résistant à l'eau ?! Sûrement pas !

4. *Chatons de la taille d'un chat adulte normal :* Quoi ? Alors ça devait être des chatons sur les photos que j'ai vues. Quelle taille atteignent-ils, bon sang ? S'agit-il de chats ou de tigres sibériens ?

5. *Intrépide :* Non. Ça commence à me déprimer.

6. *Aussi bon gardien qu'un berger allemand :* Ça ne colle plus du tout.

7. *Vivait autrefois sur les hautes poutres des monastères, sautant agilement d'une poutrelle à l'autre, toujours à l'affût d'intrus :* !!

Bon, ça suffit. Jusqu'à preuve du contraire, Brum est un miacidé. J'aurai essayé, au moins.

Cependant, l'information que j'ai obtenue m'a été utile à certains égards. Si Brum va en Russie, il aura l'impression d'être un nain comparé à la population locale. À lire la description du Sibérien, il semblerait que Brum aurait intérêt à ne s'engager dans aucune bagarre à moins d'être fortement armé.

L'espionnage pose un autre problème. Je sais que la Guerre froide est officiellement terminée depuis longtemps, mais il reste de vagues relents de méfiance.

S'il en diffère par la taille, il ressemble quand même étonnamment au Sibérien. Quand les Russes le verront, ils le soupçonneront aussitôt d'être un espion occidental bêtement déguisé en Sibérien.

L'image de Sean Connery se faisant passer pour un Japonais dans *Les Diamants sont éternels* vient immédiatement à l'esprit. Il dépassait d'environ soixante centimètres en hauteur et en largeur tous les autres autour de lui. Il avait l'air ridicule. Brum détonnerait de la même manière dans un groupe de Sibériens. Il donnerait l'impression d'une miniature parfaitement proportionnée. Impossible de faire illusion. Curieusement, Sean Connery a réussi à tromper les méchants pendant un moment, mais personne d'autre n'a été dupe.

D'accord, la Russie est donc rayée de la liste. Il se ferait arrêter ou mettre en pièces par de gigantesques répliques de lui-même.

Il existe bien un endroit où il pourrait aller.

Il y a… la maison de ma mère. C'est à peu près la seule option qui ne présente pas de dangers. Mes parents savent ce dont il est capable, et possèdent donc une armoire à pharmacie bien remplie en prévision de ses séjours. Et ils n'ont pas d'alligators tapis au fond de leur bassin.

Même si nous lui avions trouvé une destination qui lui convienne, il n'aurait jamais réussi à prendre une assurance. Ils auraient posé des questions du genre : Participerez-vous à des activités dangereuses…

Oui. Tout ce qu'il fait peut s'entendre comme une activité dangereuse. Marcher est une activité dangereuse. Redoutablement dangereuse. Manger et dormir sont de véritables champs de mines.

À quelle heure est-ce que je te dépose Brum, maman ?

# Celui qui détestait les dimanches

*C'est une grande habileté*
*que de savoir cacher son habileté.*

Duc de La Rochefoucauld

L'UN des gros problèmes avec les accidents que provoque Brum, c'est qu'ils n'entraînent pas toujours pour leur auteur les conséquences que celui-ci mériterait, à savoir se faire mal sans affecter d'autres personnes.

D'un seul mouvement, Brum est capable de déclencher une succession d'incidents qui s'enchaînent jusqu'à la catastrophe. La première qui me vient à l'esprit est survenue voici à peine quelques jours…

C'était un dimanche matin tranquille. Lorraine lisait le journal et moi je bavardais au téléphone avec ma mère en prenant un café. Sammy dormait profondément à côté du radiateur et Maya faisait un petit somme dans sa chambre. On aurait dit une scène idyllique de la vie domestique, mais Brum paraissait nerveux. Installé dans un fauteuil, il observait tout le monde d'un air inquiet, avec une drôle d'expression. Une expression du genre « Oh mon Dieu, je viens de me rendre compte que je suis assis sur une mine ».

Et, de la même manière que vous le feriez si vous veniez juste de vous asseoir sur une mine, Brum a bondi brusquement, sans crier gare, a atterri sur mes genoux et sauté par-dessus mon épaule comme un dératé.

Cela n'aurait pas posé de problème s'il avait pris soin d'éviter le fil du combiné, qu'il a emporté – avec ma main droite – dans son élan.

Le fait que ma bouche ait été en contact à cet instant avec une tasse pleine de café chaud a aggravé beaucoup, beaucoup les choses.

J'étais assis, bavardant au téléphone en sirotant tranquillement un café, et voilà que tout d'un coup ma main s'est élevée au-dessus de ma tête, suivie, par un réflexe automatique, de l'autre main, qui me déverse une pleine tasse de café dans la figure.

Je trépignais et jurais comme un

charretier sous l'effet de la douleur. Ma mère a raccroché, offusquée par la grossièreté de mon langage, Sammy, terrorisée, a quitté la pièce ventre à terre, le journal de Lorraine était imbibé de café et une petite voix criait OUIIIIIIIIIIN à travers le moniteur bébé.

Pendant ce temps, ce bouffon se léchait nonchalamment les fesses dans la cuisine.

Alors vous voyez ce que je veux dire. Voilà ce dont il est capable. Un autre accident comportant une bien plus grande quantité de liquide est survenu pendant l'été.

Il s'est également produit un dimanche. Je ne sais pas si Brum déteste les rituels du dimanche matin, comme celui qui va suivre, et s'il se fait un point d'honneur de les perturber, ou si c'est son comportement normal et que nous le remarquons davantage parce que nous passons plus de temps avec lui le dimanche.

J'étais dans l'allée, occupé à laver l'auto avec l'attirail de rigueur – éponge, cuvette et tuyau d'arrosage –, tout en bavardant avec mon voisin, qui faisait à peu près la même chose que moi, à savoir qu'il lavait sa voiture-planche de surf pour chats.

Brum était dehors avec moi et s'amusait à un petit jeu de chasse aux serpents. C'est un jeu facile. Il commence quand je laisse la lance d'arrosage à demi ouverte pour éviter que, sous la pression, le tuyau ne s'arrache du robinet. Ceci a pour effet de faire onduler celui-ci comme un serpent tandis que l'eau s'écoule doucement, d'où le jeu qui consiste pour le chat à attaquer le tuyau.

Tout allait bien jusqu'à ce que je soulève le tuyau et ouvre le jet à plein régime. Brum, qui n'avait apparemment pas fini de jouer avec, s'était agrippé à un segment du tuyau juste derrière moi, à une vingtaine de centimètres du sol, et le tirait vers le bas.

Les conséquences ont été assez spectaculaires.

Le tuyau m'a été soudainement arraché des mains et a envoyé un puissant jet d'eau vers mon voisin, qu'il a heureusement manqué, mais qui a atteint un vieille dame au milieu du dos alors qu'elle passait devant la maison de celui-ci.

Entre-temps, j'avais posé le pied sur le bord de la cuvette, qui a basculé et dont le contenu a éclaboussé mon pantalon.

Brum a couru se cacher et je suis rentré me changer. Derrière moi, je pouvais entendre la vieille dame reprocher avec véhémence au voisin d'avoir inondé son manteau, ce que le voisin semblait reconnaître, peut-être parce qu'il tenait un tuyau d'arrosage à la main et que, dans ces circonstances, il aurait été ridicule de plaider non coupable.

Personne n'a vu s'éclipser un type à l'allure bizarre et au pantalon trempé, ni le matou à l'expression hilare, caché sous un buisson, ravi d'avoir atteint son but secret. Le chat qui détestait les dimanches venait une nouvelle fois de saboter une paisible activité traditionnelle du week-end.

# Discussion avec un chat

*(Une interview imaginaire)*
*Quel plaisir de s'épanouir*
*quand on est bel et bien mort.*

Leslie Sarony

Le décor : une étrange atmosphère d'« au-delà », une pièce surréaliste, noyée dans la brume. La dernière catastrophe de Brum a provoqué le décès prématuré du chat et de son propriétaire dans des circonstances totalement ridicules.

CP : Bonsoir, Brum.

B : Bonsoir, Chris.

CP : Maintenant que tu as finalement réussi à nous tuer tous les deux, et que nous avons la possibilité de communiquer entre nous à un niveau plus sophistiqué que « donne-moi à manger/descends de là », j'ai pensé que ce serait une bonne idée de faire le bilan de ta vie, tes hauts et tes bas, tes points de vue et la vision que tu as, en qualité de chat, de notre monde…

B : Votre monde ?

CP : Comment ?

B : Tu as dit « notre » monde, d'où j'en déduis que, d'après toi, le monde appartient à l'espèce humaine. Tu ne trouves pas ça un peu élitiste ?

CP : Okay, désolé, c'est bon. Bref, mon idée est de procéder à une interview dans les règles. J'ai déjà rédigé les questions.

B : Bonne nuit !

CP : Euh, les questions que j'ai préparées doivent permettre de comprendre la mentalité d'un chat, ses rêves, ses aspirations et ses ambitions. Quelques-unes peuvent paraître assez provocantes, mais…

B : Je ne répondrai à aucune question sur la chatte blanche.

CP : D'accord.

B : Continue.

CP : Quelle est, à ton avis, la meilleure paire de chaussures que tu aies jamais possédée ?

B : Quoi ?

CP : Ta meilleure paire de chaussures ?

B : D'où sors-tu ces questions ?

CP : Bon, alors quelle est ta couleur préférée ?

B : Oh, je ne sais pas… disons le blanc.

CP : Le blanc n'est pas une couleur.

B : Bien sûr que si.

CP : Non, pas du tout.

B : Écoute, c'est une question qui n'a pas de sens, franchement, je suis un chat. Je ne vois même pas en couleur.

CP : Ah, ouais, c'est vrai. Si tu distinguais les couleurs, quelle serait ta préférée ?

B : On ne pourrait pas passer à autre chose ?

CP : Quels sont tes chanteurs favoris ?

B : Tu es sûr d'avoir les bonnes questions ?

CP : Oui.

B : Sir Cliff Richard ou Eminem. L'un et l'autre, en réalité. J'aurais voulu les voir en duo sur scène.

CP : Quel a été le plus beau jour de ta vie ?

B : Celui où tu m'as emmené loin de Slough.

CP : C'est très gentil. Merci beaucoup.

B : Ce n'était pas un compliment. Si tu avais été Gengis Khan et que tu m'avais enlevé pour me brûler vif et me manger, ce jour-là aurait quand même été le plus beau de ma vie.

CP : Et le pire ?

B : La journée d'aujourd'hui a été plutôt mauvaise.

CP : Ne me parle pas d'aujourd'hui. Je ne sais pas ce qui a bien pu passer par ta foutue tête. Parfois, tu es complètement…

B : Okay, okay, calme-toi. Voyons voir, le pire ? Hmm, compliquée, cette question-là. Ah, je sais. Le jour où tu m'as laissé pendre par-dessus le mur pendant deux heures, lesté par un plomb, et que la SPA est venue t'arrêter.

CP : Rien de tout ça ne s'est produit, Brum.

B : Ah bon ?

CP : Non. C'était juste un scénario que j'avais imaginé dans un des chapitres du livre. Tu ne peux absolument pas en avoir eu connaissance.

B : D'accord, tu as raison. Bon, je pense que c'était le jour où j'ai été piqué par une guêpe et que je suis tombé par la fenêtre de l'appartement.

CP : C'était donc bien une guêpe ! Je m'étais toujours posé la question.

B : Hmm, en tout cas, c'était sûrement mon plus mauvais jour.

CP : Honnêtement, je pense à beaucoup d'autres choses, bien pires, qui te sont arrivées, par exemple le jour où…

B : Passons à la question suivante.

CP : Et le jour où ta tête a pris feu. Ça devait être plutôt horrible, non ?

B : Non, c'était bien, ça m'a beaucoup plu. Question suivante, s'il te plaît ?

CP : Ou le jour où le livreur de journaux t'a heurté avec son vélo et qu'il a atterri face la première dans les plates-bandes de la maison d'à-côté ?

B : Ce n'était pas ma faute, il roulait sur le trottoir

CP : Il a dit que c'était ta faute. Le facteur dit que tu t'étais jeté sous ses roues. Le pauvre gosse s'est méchamment écorché le genou, tu sais.

B : Il roulait sur le trottoir. Le code de la route, ça existe, tu sais. S'il voulait rouler sur le trottoir, il aurait dû s'assurer que je n'étais pas sur son chemin. J'aurais pu être une vieille dame ou un enfant. Si j'avais été une vieille dame, tout le monde aurait dit « Oh, c'est affreux, il n'aurait jamais dû rouler sur ce trottoir, c'est si dangereux ». Au lieu de ça, c'était « Encore la faute de cet imbécile de chat », sans tenir compte du fait que j'avais la priorité. *J'avais la priorité !*

CP : Une vieille dame n'aurait pas jailli des buissons à cent vingt kilomètres-heure juste devant ses roues, quand même !

B : Question suivante, s'il te plaît.

CP : Est-ce que le blanc est ta couleur préférée parce que Sammy est blanche ?

B : Un, le blanc n'est pas une couleur, et deux, il était convenu que nous ne parlerions pas de la chatte blanche.

CP : Tu peux l'appeler Sammy. Son nom est Sammy, pas « la chatte blanche ».

B : Je ne la connais que sous ce nom-là

CP : Tu ne dirais pas plutôt que le plus mauvais jour de ta vie est celui où tu t'es fait battre par un moineau ?

B : Non.

CP : L'humiliation a dû être terrible.

B : Non. Je me suis senti beaucoup plus humilié de te voir assis dans une flaque d'eau et couvert de ridicule devant le fermier et son garde du corps.

CP : Bravo, Brum, bien vu. De toute façon, ce n'était pas son garde du corps.

B : Aaaah, d'accord. Dans ce cas, ça n'était pas humiliant du tout !

CP : D'abord, c'est toi qui m'as précipité dans cette flaque.

B : Tu ne m'avais jamais dit qu'il y aurait un gros monstre beuglant dans cette étable, je te signale. Si tu m'avais transmis cette information vitale, rien de tout ça ne serait arrivé.

CP : C'est bon, calmons-nous un peu. Question suivante.

B : Alléluia !

CP : Quel est ton plat préféré.

B : Enfin un peu de répit. Le thon.

CP : Tu n'as pas trop souffert, d'être castré ?

B : Je te demande pardon ?

CP : Tu n'as pas trop souffert, d'être castré ?

B : Que signifie castré ?

CP : Tu sais…

B : Non, je ne sais pas.

CP : Okay. Question suivante. Quel est ton film préféré ?

B : Euh, je ne regardais pas trop la télé. Que signifie castré ?

CP : Tu regardais le foot.

B : Seulement quand Norwich City jouait, et en général ils étaient nuls. Que signifie castré ? Allez, dis-moi.

CP : Mon Dieu, c'est… euh… difficile. Il ne t'a pas semblé, un jour, que les choses avaient soudain changé, tu sais, là en bas ?

B : En bas ? Sur terre ? Quelles choses ?

CP : Non. En bas… là.

B : Qu'est-ce que tu montres du doigt, là ?

CP : Passons. On en parlera plus tard, d'accord ? Voyons, qu'est-ce qui t'a incité à devenir le baby-sitter de Maya ? C'est vrai que nous t'en étions très reconnaissants et tout, mais, au départ, comment se fait-il que tu te sois rendu tellement… utile ?

B : Tu veux parler de la petite avec une grosse tête ?

CP : Oui.

B : Eh bien, elle m'appelait, alors j'allais la voir, c'est tout.

CP : Ah. Alors tu pensais qu'elle t'appelait ?

B : Bien sûr qu'elle m'appelait.

CP : Mais non, elle pleurait, tout simplement. Et toi tu croyais qu'elle t'appelait.

B : Comme tu voudras. Mais quand quelqu'un crie « Brum, tu peux venir un instant ? » de façon très claire, je considère qu'il m'appelle, mais bon, à toi de décider, après tout, c'est toi le grand humain intelligent qui possède le monde...

CP : Attends, attends une seconde. Est-ce que tu es en train de me dire que tu comprenais ce que Maya te disait ?

B : Oui, la plupart du temps.

CP : Quels sont les mots que tu ne comprenais pas ?

B : Ceux qui étaient dans votre langue à vous. Mais de toute façon, elle ne la parlait pas très bien. Et puis je lui ai expliqué que rien de ce que vous disiez ne valait la peine d'être entendu, alors...

CP : Mais c'est fantastique ! Maya pouvait parler ta langue. Depuis toujours, tout le monde pense que les bébés n'émettent que des sons, alors qu'ils parlent… chat. Tu sais ce que ça signifie, mon petit Brummy ?

B : Non. Explique-toi, mon petit Chris.

CP : Nous, mon ami, allons être riches et célèbres. Il faut absolument que nous fassions breveter ça. C'est la découverte du siècle. Elle va nous rapporter des millions !

B : Trop tard. Nous sommes morts.

CP : Merde !

B : La vie est une saloperie, et à la fin tu meurs.

CP : Non, pas si vite. Tu oublies quelque chose. Nous ne sommes pas vraiment morts. J'ai tout inventé pour cette interview. Tu piges ?

B : Oui. Et tu as aussi inventé cette interview. Tu piges ?

CP : Aucune importance. Non, attends… Bon sang, j'ai également inventé cette histoire de bébés qui parlent chat, n'est-ce pas ?

B : Eh oui !

CP : Je n'en reviens pas, je me voyais déjà empocher l'argent.

B : Au moins, on a encore la santé. C'est ce qui compte le plus, non ?

CP : Oui, sans doute.

B : Pas franchement malin, sur ce coup-là, mon gars.

CP : Allez, avançons. Qu'est-ce qui t'a paru le plus pénible, dans ta condition de chat ?

B : Les horaires.

CP : Non, sérieusement.

B : Le pire est de devoir fréquenter d'autres chats. Je n'ai jamais eu le sentiment d'être des leurs.

CP : Hmm, peut-être plus miacidé que chat, en réalité.

B : Qu'est-ce que tu veux dire ?

CP : Rien, je pensais juste à haute voix. Continue.

B : Voilà, c'est tout. Je n'aimais pas trop les autres chats. Je manquais peut-être de félinité. Tu sais, ce chien, dans *Fluke*, le livre de James Herbert ?

CP : Oui.

B : Il ne se considérait pas comme un chat.

CP : Il n'en était pas un.

B : Non, tu as raison…

*Silence*

CP : Quel est le meilleur aspect de la condition de chat ?

B : Les horaires

CP : *Soupir.*

B : Cette fois, c'est vrai. Les horaires, absolument.

CP : D'accord. Si on pouvait mettre une odeur en bouteille, laquelle choisirais-tu ?

B : Je ne crois pas que tu aimerais ma réponse. Vu notre différence culturelle, elle ne serait pas à ton goût.

CP : Bon, passons. Tiens, je me rappelle une autre journée qui mériterait bien d'être promue au rang de pire jour de ta vie. Tu sais, la fois où tu t'es baladé avec cette culotte sur la tête ? Tu as dû te sentir vraiment con ce jour-là. Allongé sur la voiture avec ton slip en dentelle, devant tout le monde. Tu étais la risée de tous.

B : C'est la petite avec la grosse tête qui me l'avait enfilé.

CP : Nous n'en savons rien. C'est juste une supposition.

B : Pour les besoins de l'interview et de mon orgueil, nous savons.

CP : Et le meilleur moment, c'est celui où nous avons ouvert la porte et que tu as monté les marches en courant, le slip au vent, et qu'ils ont tous sifflé et crié « À poil, chérie, à poil ! »... Bon sang, quelle humiliation !

B : Tu commences à m'énerver sérieusement, Pascoe.

CP : Tu sais, maintenant que j'y pense, le nombre d'histoires de ce genre que j'ai omis de raconter dans mon livre est absolument incroyable. Jusqu'ici, je n'avais pas parlé de l'accident du livreur de journaux, ni de l'épisode de la culotte. Ou de l'histoire de la tondeuse à gazon. Ou celle de la banane gonflable, quand tu as cassé la lampe et que tu as perdu une partie de ton oreille gauche, ou... ?

B : Cette fois, c'est bon, je me tire.

CP : Quelles sont tes idées sur la religion ?

B : Quoi ?

CP : Tes idées sur la religion, quelles sont-elles. J'aimerais bien le savoir. Est-ce que tu as une religion ? Vous, les chats, êtes-vous croyants ? Y a-t-il un dieu chat ? Est-ce le même Dieu que le nôtre ?

Croyez-vous en la vie éternelle ? L'enfer et le paradis ? Certaines choses sont-elles sacrées pour vous ?

B : Ça t'intéresse vraiment, ou est-ce que c'est juste un leurre pour pouvoir me chambrer sur de vieilles histoires ? Ou pour me poser une question stupide comme : « Quel est ton vêtement préféré ? »

CP : Ça m'intéresse vraiment.

B : Eh bien, fondamentalement, nous croyons en…

CP : Non ! Je t'ai bien eu ! En fait je m'en fiche. Quel est ton vêtement préféré ?

B : Pour l'instant, je réponds à la première question. Fondamentalement, nous croyons en Dieu, comme vous. Nous croyons en un Dieu, un Esprit éternel qui…

CP : Est-ce qu'il est velu ?

B : Tu veux bien tendre la main ?

CP : Oui, pourquoi ? Aaaaah ! Tu m'as fait vachement mal. Ça saigne, maintenant.

B : … veille sur nous. Nous croyons en un monde meilleur qui nous attend après notre mort…

CP : Quoi, ici ?

B : Non, quand nous serons vraiment morts, nous irons dans un endroit qui ressemble beaucoup à votre paradis, mais qui est peuplé de petits animaux sans défense et d'oiseaux incapables de voler.

CP : Ce n'est pas vraiment le paradis pour les petits animaux sans défense et les oiseaux incapables de voler.

B : C'est leur enfer.

CP : Ah, je vois. Et y a-t-il un enfer pour chats ? Serait-il rempli d'horribles vieilles chouettes gigantesques et monstrueuses, aux serres acérées et aux becs redoutables ?

B : C'est curieux que tu imagines un enfer pour chats peuplé par tes ex-petites amies. Non. Nous n'avons pas besoin d'un enfer. Nous pensons que le chat est la perfection personnifiée, sans péchés et sans reproche.

CP : C'est vraiment ce que vous pensez ?

B : C'est ce que pense la chatte blanche.

CP : Quel est ton vêtement préféré ?

B : Je refuse de répondre à ça.

CP : Avais-tu des héros, quand tu étais plus jeune ?

B : Tu as sorti ces questions d'un magazine pour adolescentes, n'est-ce pas ? Alors comme ça, tu lis des magazines pour adolescentes, Chris ?

CP : À quel âge as-tu commencé à te maquiller ?

B : À quel âge, mon premier baiser ?

CP : À quel âge, ton premier baiser ?

B : Attends une seconde

CP : Quoi ?

B : Est-ce que castré signifie empoté ? Tu me demandais si je n'ai pas trop souffert d'être empoté ? Seulement, tu vois, je ne me considère pas empoté. Ce sont les gens qui m'entouraient qui l'étaient. En particulier toi et la petite avec la grosse tête.

CP : Euh, oui, en effet, castré veut dire empoté, et tu as probablement raison dans ce que tu dis.

B : Je sais que j'ai raison. Je pense que le garçon qui livrait les journaux était castré quand il est tombé de vélo. Je pense que ton ami à la ferme était castré le jour où j'ai sauté sur ses genoux, et toi tu étais totalement castré le jour où tu t'es écroulé dans le sapin de Noël… Pourquoi fais-tu cette tête-là ?

CP : Écoute, Brum, je vais être clair avec toi. Toi, tu as été castré, et peut-être aussi ce type à la ferme. Ce que ça signifie, c'est que (chuchotement dans l'oreille)…

B : !

CP : Tu comprends, n'est-ce pas ?

B : !

CP : Brum ?

B : Oh, mon Dieu ! Oh, mon Dieu ! Oh, mon Dieu ! *J'ai été castré ?*

CP : Oui, je pensais que tu le savais, je…

B : Salaud ! *Espèce de salaud !*

CP : Calme-toi !

B : Non ! L'interview est terminée. Et moi qui pensais pendant toutes ces années que je m'étais simplement assagi. Ça devait être à cette époque que j'ai commencé à me prendre de passion pour les fleurs sauvages et à ronronner beaucoup. Tout s'explique, maintenant.

CP : Écoute, calme-toi, s'il te plaît…

B : Toi, ferme-la, et dehors, immédiatement !

CP : Où est la porte ?

B : Aucune idée, on est en plein brouillard, ici.

Cette interview s'est déroulée selon les conditions d'outre-tombe les plus strictes. L'enregistrement intégral, non censuré, est vendu chez tous les bons disquaires au prix de £1.50. Mais seulement dans l'au-delà. Alors si vous mourez d'envie de l'entendre, n'hésitez pas.

## Sommaire